贛文化通典

——

地理及行政區劃沿革卷　第二冊

目錄

▌上篇▌ 自然概貌與資源

▓ 中篇 ▓　　江西人口與民族

▌下篇▐　行政區劃沿革

中篇——

江西人口與民族

歷代人口

　　江西省區內從舊石器時代起即有人類活動，各歷史時期的人口總量和分佈隨社會經濟的發展在不斷髮生著變化。

第一節 ▶ 古代人口

　　舊石器時代，在今江西省區內即有人類繁衍生息。西漢時期江西省區內開始設置較為完整的行政區劃，西漢元始二年（2）進行了第一次人口統計，有六萬戶，三十五餘萬口。在而後的兩千年封建社會裡，江西省區內的人口數量三起三落，呈波浪式增加。第一次人口高峰出現在東漢永和五年（140），約一六六萬餘人，而後下降；第二次人口高峰出現在元至元二十七年（1290），約一四二五萬，之後下降；第三次人口高峰出現在清道光二十年（1840），約二四五〇萬人，為古代江西人口的最高峰。

一、先秦時期

舊石器時代

　　在樂平縣湧山岩遺址、安義縣苃店遺址等舊石器時代遺址中出土的石器證明了距今四五萬年前，江西省區內就有古人類生活。

新石器時代（約一萬年至四千年前）

江西省境內發現的新石器時代人類活動遺址有早期的（約九千年前）的萬年縣大源仙人洞文化，晚期（約四五千年前）的有以修水縣山背文化遺址為代表的幾十處遺址。新石器時代晚期的文化遺址，以段石錛和紅砂陶為主要特徵，廣泛分佈於江西各地，已發現的有六十多處，特別是在贛北、贛中地區。可以看出當時江西人口的數量增多，流動增大。

夏商周春秋戰國（約前 21 世紀至前 221 年）

夏朝，江西境內的人口是「三苗」族，也稱「有苗」「苗民」或「黎苗」。並非今日的苗族，今日的苗族是唐宋時期發展起來的。三苗經華夏族多年征伐而逐漸亡逸，夏朝衰弱後，三苗中的一支後裔——越族逐漸興盛。越族內部習俗各異，種制繁多，泛稱「百越」。商周時期江西境內的人口主要是越族。春秋戰國時期，江西是楚、越、吳各國爭霸戰爭區，人口交流頻繁，範圍日益擴展，民族融合加快。江西的漢族人口逐漸增多，越族人口除融入漢族外，多遷往邊遠山區。

這個時期江西境內已被發掘的文化中遺址有二百餘處，分佈於四十餘個縣市，這些遺址中出土的文物證明，當時的江西已和中原文化有了密切的聯繫。在西周時期，江西境內已有「應」「艾」兩個地方政權，春秋戰國時期，江西地區有「番」「艾」二縣邑。

二、秦至南北朝時期

秦始皇統一中國後，因戰爭需要，江西境內遷入人口增多。

從西漢開始，江西有了比較完備的行政建制，開始正式統計戶口，人口數量增長迅速，至東漢中期，人口數量達一六〇多萬的高峰。三國西晉南北朝時期，由於戰亂，人口數量顯著下降，跌入三十三萬人的低谷。

秦（前 221 年至前 207 年）

秦代，江西大部隸屬九江郡（郡治在今安徽壽縣），東北端歸會稽郡，西部邊緣屬長沙郡。江西境內的縣治大概有「番」「艾」「餘汗」「南野」「廬陵」「安平」「新淦」等，縣邑所在地域是人口較為密集之地。秦王朝實行了「上計」制度，規定在全國範圍內進行人口普查，建立完整的戶口資料，但這些資料均已失傳。

秦代，由於連年的戰爭和徭役，造成人口大量減少。秦滅六國後，曾發兵五十萬為五軍南征越人。五軍中，兩軍在現今江西境內，一是今南康縣境地，一是餘干縣境地。大量從中原調發而來戍守的軍民，對於江西境內的開發和人口增長，產生了很大影響。

西漢（前 206 年至 25 年）

漢代國家統一，行政管理逐步完善，西漢初年，設立豫章郡，郡治南昌縣，豫章郡下轄 18 縣，全郡範圍與現今江西省境大致相同。漢承秦制，實行全國戶口登記的「上計」制度。《漢書·地理志》記載：漢元始二年（2），豫章郡 67462 戶、351965 口，18 個縣，平均每縣 3748 戶，19554 口。當時，郡治南昌縣戶口數在 10 000 戶以上。按今行政區劃，西漢時江西人口在各省區中占第 19 位，江西人口密度為每平方公里 2.11 人，占第 15

位。西漢時全國人口的三分之二分佈在今陝西、山西、河北、河南、山東五省地區，而地處南方的江西地廣人稀。

東漢（25 年至 220 年）

西漢末年，黃河中下游地區天災人禍頻繁，社會動亂，大量人口外遷，以遷至長江中下游地區為最多。東漢前、中期，朝廷實行與民生息的政策，解放奴婢和鼓勵生育，同時牛耕和鐵製農具的普及也促進了農業的發展。這個時期社會穩定，經濟增長，人口增加。《後漢書·郡國志》記載：漢永和五年（140），豫章郡的戶口數為 406496 戶、1668906 口。江西人口占全國總人口比重為 3.40%，人口密度為每平方公里 10 人。按今行政區劃，這時的江西人口在各省區中排第十三位，人口密度排第七位。從元始二年（2）至東漢永和五年（140）的 138 年裡，豫章郡的戶數增加了 339034 戶，口數增加了 1316941 口，戶口數增加了 5.03 倍，年平均增長率為 1.31%，口數增加了 3.74 倍，年平均增長率為 1.13，形成了江西人口史上的第一次人口高峰。

三國兩晉南北朝（220 年至 589 年）

從東漢延康元年（220 年）至隋朝建立前，江西先後經歷了三國吳、西晉、東晉和南朝宋、齊、梁、陳七個朝代政權的統治，各朝增置郡縣，最多時為梁朝的 9 郡 61 縣。

在這三百多年中，戰亂頻繁，社會動亂，人口大量減少。從《晉書·地理志》和《宋書·州郡志》所記載的人口資料中可以看出當時社會的情況。西晉太康三年（282），江西各郡的戶口數分別為豫章郡 35000 戶、鄱陽郡 6100 戶、南康郡 1400 戶、盧陵郡 12200 戶、安成郡 3000 戶、臨川郡 8500 戶、武昌郡柴桑縣

2100 戶。江西全省戶口數為 68310 戶，比東漢永和五年減少了 338186 戶，達 83.20%。口數以當時全國平均每戶 6.6 口的比例，推算為 450846 口，比東漢永和五年減少了 1218060 口，減少 72.99%。劉宋大明八年（464），江西各郡的戶口數分別為豫章郡 16139 戶、鄱陽郡 3242 戶、南康郡 4493 戶、廬陵郡 4455 戶、安成郡 6116 戶、臨川郡 8983 戶、尋陽郡 2720 戶。江西全省戶口數為 46148 戶、口數 330614 口，比西晉太康三年減少 22162 戶、120232 口，分別減少了 32.44%、26.67%。按劉宋時江西的 7 郡 53 縣計，平均每縣僅有 870 戶、6238 口。人口密度也從東漢永和年間的每平方公里 10 人降至西晉太康年間的每平方公里 2.7 人，再降至劉宋大明年間的每平方公里 1.98 人。江西人口數量從東漢永和年間的歷史上第一次高峰一路下落，至此跌入歷史低谷。

這個時期戶口統計數量的銳減，除了實際減少外，還由於門閥士族或豪強地主以及寺廟僧侶隱占了大量人口。連年戰爭和社會動亂造成大量的流遷人口，官府無法統計也是戶口數量減少的原因。

三、隋唐五代時期

隋結束了長期的分裂和社會動亂，統一中國，江西人口數量開始明顯上升。隋唐之交的戰爭又使剛剛增長的戶口數量回落。唐及以後的五代十國時期的吳、南唐統治下的江西，戶口數量一直增長，從而奠定了而後宋元時期人口的大增長的基礎。

隋（581 年至 618 年）

隋統一中國後，江西境內的行政區域設置為 7 郡 24 縣，在政治、經濟上進行了一系列改革，推行「均田制」，抑止士族、豪強，經濟得到較快的發展。隋朝進行了大規模的戶口清查和登記，據《隋書・地理志》記載，隋大業五年（609）江西各郡的戶口數分別為豫章郡 12021 戶、鄱陽郡 10102 戶、南康郡 11168 戶、盧陵郡 23714 戶、九江郡 7617 戶、宜春郡 10116 戶、臨川郡 8400 戶（去除郡武縣戶口數）。江西全省戶口數為 83138，按當時全國的平均口戶比 5.166，推算全省人口為 429490 口，比劉宋大明年間增加了 36990 戶、98876 口，分別增加了 80.16%、29.91%，但是人口數量還未恢復到西晉太康年間的水平。隋大業五年（609），江西人口占全國總人口比重為 0.93%，人口密度為每平方公里 2.57 人。按今行政區劃，這時的江西人口在各省區中排第十九位，人口密度排第十五位。

唐（618 年至 907 年）

唐改隋郡為州，江西境內設 8 州 37 縣。

根據《舊唐書・地理志》《新唐書・地理志》以及《元和郡縣誌》等史料記載，隋唐之交的社會動亂使貞觀十三年（639）的江西戶數比隋大業五年（609）減少 13898 戶，跌落到比劉宋大明年間還低的水平。貞觀以後，社會安定，經濟發展，朝廷採取了一系列鼓勵政策，如強制推行早婚、獎勵生育、清查戶口、收撫流民等。從貞觀年間開始，經開元、天寶至元和年間的 200 多年裡，江西戶口數增長快速。

貞觀十三年（639），江西各州戶口數分別為洪州 15456 戶

74044 口、饒州 11400 戶 59817 口、虔州 8994 戶 39901 口、吉州 15040 戶 53285 口、江州 6360 戶 25599 口、袁州 4636 戶 25716 口、撫州 7354 戶 40685 口。江西全省合計 69240 戶 319047 口，分別是全國的 2.27% 和 2.58%，人口密度是每平方公里 1.91 人。天寶元年（742），江西各州戶口數分別為洪州 55530 戶 353231 口、饒州 40899 戶 244350 口、虔州 37647 戶 275410 口、吉州 37752 戶 377032 口、江州 19025 戶 105744 口、袁州 27093 戶 144096 口、撫州 30605 戶 176394 口、婺源縣 7600 戶 53000 口。江西全省合計 256151 戶 1681557 口，分別是全國的 2.85% 和 3.22%，人口密度是每平方公里 9.83 人。至元和年間（806 至 820），由於江西免受「安史之亂」的浩劫，江西全省的戶口數增至 295879，占全國比重升至 12.49%。

吳和南唐（907 年到 960 年）

在五代十國的 50 多年中，十國中的吳和南唐先後統治過江西地區，在江西境內設 10 州、56 縣。

根據《宋史‧地理志》推斷，宋開寶八年（975）「平江南，得州一十九、軍三、縣一百八，戶六十五萬五千六十五」，江西 10 州 56 縣總戶數約為 655065 戶的一半，即 327500 戶，南唐末年比元和年間的 295879 戶又有增加。這個數字的準確性無法確定，只是估算。

《太平寰宇記》中記載，北宋太平興國年間（976 至 984），江西戶數為 659 149 戶，這個數字比開寶八年的數字作比較，僅僅十幾年間，江西戶數翻了一番。

四、宋元時期

北宋社會穩定，經濟發展，江西人口數量上升很快。南宋時，江西因遭戰亂嚴重破壞，中原難民大量遷入，人口繼續增加。元初，因戰亂，江西人口數量有所減少，但由於經濟繁榮和北方人口的遷入，元代江西人口仍有較大的上升。到元至元二十七年（1290），江西人口數量達 14524978 口，占全國總人數的24.6%，按今行政區劃，這時的江西人口在各省區中排第 1 位。

北宋（960 年至 1126 年）

北宋在今江西境內先後設 9 州、4 軍、68 縣，另加隸屬徽州的婺源縣。

北宋，江西戶口數量超過了以往任何時代，宋初太平興國年間（976 至 984）戶數 667149 戶就已經超過了此前歷史上江西戶數的最多時的東漢永和五年（140）的 406496 戶。到崇寧元年（1102）時，江西戶數是 2025655，這時的江西人口密度達每平方公里 49.75 人，成為全國人口最密集的地區之一。

太平興國年間（976 至 983），江西各州戶數分別為洪州103478 戶、筠州 46329 戶、袁州 79703 戶、吉州 126453 戶、撫州 61279 戶、信州 40685 戶、饒州 45917 戶、江州 24364 戶、虔州 85149 戶、建昌軍 18847 戶、南康軍 26948 戶、婺源縣約8000 戶。江西全省合計 667149 戶，是全國的 10.28%，根據趙文林等著的《中國人口史》北宋平均口戶比為 4.11，推算口數是2735312 口，人口密度是每平方公里 16.39 人。元豐三年（1080），江西各州戶數分別為洪州 256234 戶、筠州 79591 戶、

袁州 129684 戶、吉州 273397 戶、撫州 155836 戶、信州 132617 戶、饒州 188195 戶、江州 95384 戶、虔州 98130 戶、建昌軍 115208 戶、南康軍 70496 戶、南安軍 35799 戶、臨江軍 89397 戶、婺源縣約 17584 戶。江西全省合計 1737552 戶，是全國的 10.39%，推算口數是 7123964 口，人口密度約為每平方公里 42.68 人。崇寧元年（1102），江西各州戶數分別為洪州 261105 戶、筠州 111421 戶、袁州 132299 戶、吉州 335710 戶、撫州 161480 戶、信州 154364 戶、饒州 181300 戶、江州 84569 戶、虔州 272432 戶、建昌軍 112887 戶、南康軍 70615 戶、南安軍 37721 戶、臨江軍 91699 戶、婺源縣約 18053 戶。江西全省合計 2025655 戶，是全國的 10%，推算口數是 8305186 口，人口密度約為每平方公里 49.75 人。

南宋（1127 年至 1279 年）

南宋時期的戶口數據以路為單位統計，《宋會要輯稿・食貨》六十九卷和《文獻通考》卷十一「戶口」所記，南宋紹興三十二年（1162）江南東路戶口為 966428 戶和 1724137 口，江南西路戶口為 1891392 戶和 3221538 口，南宋嘉定十六年（1223）江南東路戶口為 1046272 戶和 2402038 口，江南西路戶口為 2267983 戶和 4958291 口。這 4 組數據口戶比不近常理，根據趙文林等的推算方法，以南宋時期口戶比為 4 計算，紹興三十二年江西戶口數約為 2225419 戶和 8901676 口，嘉定十六年江西戶口數約為 2621234 戶和 10484936 口。南宋時期江西人口總數已突破 1000 萬，紹興三十二年和嘉定十六年江西人口占全國人口比重分別為 10.62% 和 13.51%，人口密度分別為每平方公里 53.32 人和 62.81

人。江西人口數量繼續創出歷史新高。

元（1271 年至 1368 年）

元代設行省制，今江西境內設 13 路、2 省直轄州和 1 路轄州，共有 10 個路轄縣。

元初由於北方人口的大量遷入，江西戶口數進一步增加。《元史・地理志》記載的元至元二十七年（1290）的戶口數據，龍興路戶口 371436 戶 1485744 口、吉安路 444038 戶 2220415 口、瑞州路 144572 戶 722302 口、袁州路 198563 戶 992815 口、臨江路 158348 戶 791740 口、撫州路 218455 戶 1092275 口、江州路 83977 戶 503852 口、南康路 95678 戶 478390 口、贛州路 71287 戶 285148 口、建昌路 92223 戶 553338 口、南安路 50611 戶 303666 口、南豐州 25078 戶 128900 口、饒州路 680235 戶 4036570 口、信州路 132290 戶 662258 口、鉛山州 26035 戶推算口數 130175 口、婺源州推算 26245 戶 137390 口，江西全省合計 2819116 戶，是全國的 21.04%，推算口數是 14524978 口，是全國的 24.69%，人口密度約為每平方公里 87.01 人。按今行政區劃，這時的江西戶口數在各省區中排第 1 位，人口密度僅次於浙江，居第 2 位。

元至元二十七年（1290）的人口數據和北宋崇寧元年（1102）的相比較，可以看出饒州路的人口增長較快，這與饒州路經濟發展情況相適應的，而贛州路的人口減少較多是由於贛南抗元戰爭激烈的緣故。

五、明及清前期

元和明初的戰亂使江西人口劇烈減少。明統計失誤導致史籍所載江西人口年年遞減，實際人口數仍然增長。清初戰亂又使江西人口減少過半，清前期社會穩定後，江西人口數逐步上升，至乾隆、嘉慶、道光三朝時，江西人口數量達到歷史上第三次人口高峰。

明（1368 年至 1644 年）

明以承宣佈政司取代元行中書省，江西布政司的管轄地域與今江西省境基本一致，下轄十三府七十八縣。

明朝建立後，高度重視戶口統計，嚴格執行每十年一次的全國性戶口統計的「黃冊」制度。根據《明史·地理志》所記，明洪武二十六年（1393）江西戶口數為 1553923 戶 8982482 口，弘治四年（1491）1363629 戶 6549800 口，萬曆六年（1578）1341005 戶 5859020 口。明朝這種戶口統計數逐年遞減的情況與實際社會經濟的發展情況不符，造成這種現象的原因有二：一是土地兼併逐年加劇，失地農民破產流亡，脫離戶籍；二是明代以田畝取代戶口計徵稅，導致對戶口統計的不重視。因此明官方的戶口統計數字根本不能反映實際人口的變化。

根據《中國人口史》所推算的江西人口數據，洪武二十六（1393）為 9127099 口，占全國 12.94%，人口密度為每平方公里 54.68 人；弘治四年（1491）為 11865229 口，占全國 12.9%，人口密度為每平方公里 71.08 人；天啟六年（1626）為 12883479 口，占全國 12.9%，人口密度為每平方公里 77.18 人。明代人口

數量雖有增長，但還未恢復到元至元二十七年（1290）人口密度每平方公里 87.01 人的水平。

明代江西分府戶口數據缺乏。根據清顧祖禹的《讀史方輿紀要》中所記江西各府縣的基層行政單位「里」的數量，大致可推算出江西各府人口比例。江西全省當時共有 10474.5 里，其中南昌府 1720 里，占全省比重 16.42%；瑞州府 604 里，占 5.77%；南康府 217 里，占 2.07%；九江府 82 里，占 0.78%；饒州府 1237 里，占 11.81%；廣信府 724 里，占 6.91%；建昌府 495 里，占 4.73%；撫州府 1453 里，占 13.87%；吉安府 1924 里，占 18.37%；臨江府 936 里，占 8.94%；袁州府 494 里，占 4.72%；贛州府 358 里，占 3.1442%；南安府 66 里，占 0.63%；婺源縣 164 里，占 1.57%。從這些數據大致可以看出明代的江西，省區中部和東北部人口相對較多，而北部和南部相對人口稀少。

清前期（1644 年至 1840 年）

清代江西行政區劃大致和明代相同，設有十三府和一省轄州，下轄七十五縣一州四廳。

清前期，全國人口迅速增加，江西人口從清初不足六百萬人增加到道光二十年（1840）的二千四百多萬，成為江西歷史上第三次人口高峰。

乾隆六年（1741）前，清代的人口統計只是統計有賦役義務的男性「人丁」的數量，從乾隆六年開始，統計單位由「人丁」改為「大小男婦名口」即人口。趙文林的《中國人口史》認為清初江西口丁比約為 3，據此，根據《清朝文獻通考》卷十九「戶

口」、《嘉慶會典》卷十一和清戶部《清冊》可得出清前期江西部分年份的人口數。

清前期江西部分年份的人口數（單位：人）

年代	人口數	年代	人口數
順治十八年（1661）	5733642	乾隆五十九年（1794）	20521193
康熙二十四年（1685）	6266521	乾隆六十年（1795）	20711751
雍正二年（1724）	6612848	嘉慶十七年（1812）	23046999
乾隆十四年（1749）	8428205	嘉慶二十四年（1819）	23574789
乾隆二十二年（1757）	9108615	嘉慶二十五年（1820）	23652029
乾隆二十七年（1762）	11609611	道光四年（1824）	23805179
乾隆三十二年（1767）	11540369	道光五年（1825）	23815970
乾隆三十六年（1771）	11745196	道光九年（1829）	24423630
乾隆四十一年（1776）	16848905	道光十年（1830）	24462941
乾隆四十五年（1780）	18049268	道光十一年（1831）	24466858
乾隆四十八年（1783）	18511622	道光十二年（1832）	24467911
乾隆五十一年（1786）	19007542	道光十三年（1833）	24478073
乾隆五十二年（1787）	19156345	道光十四年（1834）	24478472
乾隆五十三年（1788）	19347224	道光十五年（1835）	24479559
乾隆五十四年（1789）	19682806	道光二十年（1840）	24497534

　　清前期江西人口占全國人口比重基本穩定在 5% 至 6%，在各省區中排名第九名左右，人口密度隨著人口數量的增加逐年增大，由順治十八年（1661）的每平方公里 34.79 人增至道光二十年（1840）的 148.65 人。人口密度排名在全國各省區中基本在

第六至第九名間波動。

　　清前期江西各府州的戶口分佈只有在《嘉慶一統志‧江西統部》中有所記載，無法瞭解清前期的全部情況。根據嘉慶二十五年（1820）江西各府州的戶口分佈資料，當時江西的人口相對稠密區是贛北和贛中。

第二節 ▶ 近代人口

　　鴉片戰爭到中華人民共和國成立的一百多年間，江西社會動盪經濟凋零，人口數量下降較大。從道光二十年（1840）的2449.8萬人減少到一九四九年的1135.76萬人。

一、清後期

　　清道光二十年（1840）至光緒二十四年（1898）的59年中，江西人口總數除咸豐年間（1851至1861）有明顯的波動外，其餘年份幾乎以極其緩慢的速度增長。由清道光二十年的2449.8萬人增至光緒二十四年的2461.7萬人。咸豐年間太平天國起義，太平軍多次出入江西，戰事造成江西人口的減少。

　　綜合《中國近代經濟史資料選輯》《中國人口史》和《中國經濟年鑑（1934年）》的有關資料，可以得到清後期江西分年度人口總數情況。

道光二十年至宣統三年部分年份江西人口總數（單位：萬人）

年代	人口數	年代	人口數
道光二十年（1840）	2449.80	同治九年（1870）	2450.00
道光二十一年（1841）	2450.20	同治十年（1871）	2450.20
道光二十二年（1842）	2450.50	同治十一年（1872）	2450.50
道光二十三年（1843）	2450.80	同治十二年（1873）	2450.70
道光二十四年（1844）	2450.90	同治十三年（1874）	2450.90
道光二十五年（1845）	2451.00	光緒元年（1875）	2451.20
道光二十六年（1846）	2451.00	光緒二年（1876）	2451.50
道光二十七年（1847）	2451.10	光緒三年（1877）	2451.80
道光二十八年（1848）	2451.20	光緒四年（1878）	2452.10
道光二十九年（1849）	2451.30	光緒五年（1879）	2452.50
道光三十年（1850）	2451.50	光緒六年（1880）	2452.70
咸豐元年（1851）	2451.60	光緒七年（1881）	2453.10
咸豐二年（1852）	2451.70	光緒八年（1882）	2453.40
咸豐三年（1853）	2451.90	光緒九年（1883）	2454.80
咸豐四年（1854）	2387.80	光緒十年（1884）	2455.10
咸豐五年（1855）	2403.00	光緒十一年（1885）	2455.40
咸豐六年（1856）	2414.20	光緒十二年（1886）	2455.90
咸豐七年（1857）	2425.40	光緒十三年（1887）	2456.70
咸豐八年（1858）	2448.60	光緒十四年（1888）	2457.00
咸豐九年（1859）	2448.50	光緒十五年（1889）	2457.40
咸豐十年（1860）	2448.70	光緒十六年（1890）	2457.90
咸豐十一年（1861）	2448.70	光緒十七年（1891）	2458.40
同治元年（1862）	2448.80	光緒十八年（1892）	2459.30

年代	人口數	年代	人口數
同治二年（1863）	2448.90	光緒十九年（1893）	2459.30
同治三年（1864）	2448.70	光緒二十年（1894）	2459.90
同治四年（1865）	2448.90	光緒二十一年（1895）	2460.40
同治五年（1866）	2449.10	光緒二十二年（1896）	2460.80
同治六年（1867）	2449.30	光緒二十三年（1897）	2461.30
同治七年（1868）	2449.60	光緒二十四年（1898）	2461.70
同治八年（1869）	2449.80	宣統三年（1911）	2414.70

這個時期，江西人口占全國總人口的比重一直處於 6%左右，人口密度也處於每平方公里 149 人左右，變化不大。

二、民國時期

辛亥革命後的江西，一直處於戰亂中，人口銳減，特別是土地革命時期。土地革命時期，江西蘇區和游擊區占全省土地面積的 2／3，人口占了總人口的一半。由於反動勢力對革命的殘酷鎮壓，蘇區的三十二個重點縣中，人口減少了近一半，尤其是青壯年人口劇減。根據馬巨賢的《中國人口·江西分冊》中的資料，土地革命時期江西蘇區三十二個重點縣，一九一六年的總人口是 961.81 萬人，一九三一年是 616.50 萬人，一九三五年是 502.43 萬人。

綜合《社會科學研究資料》（1984 年第 1、2 期合刊）、《中國人口史》和《袖珍江西統計》的有關資料，可以得到民國時期江西分年度人口總數情況。

民國時期江西分年度人口總數（單位：萬人）

年代	人口數	年代	人口數	年代	人口數
1912	2416.07	1931	2232.28	1940	1379.42
1916	2509.08	1932	1894.00	1943	1390.80
1919	2446.68	1933	1863.86	1944	1337.99
1921	2453.40	1934	1695.43	1945	1347.50
1922	2446.68	1935	1569.04	1946	1343.12
1925	2756.34	1936	1539.15	1947	1272.53
1927	2446.70	1937	1518.51	1948	1250.69
1928	1810.84	1938	1411.82		
1929	2446.70	1939	1395.64		

民國時期江西人口占全國總人口的比重逐年下降，從民國初期的 6%左右降至中華人民共和國建國前的 3%左右，人口密度也隨人口總數的減少而下降。

第三節 ▶ 當代人口

中華人民共和國成立以後，社會經濟制度發生根本性的變化，江西人口的發展呈現出多樣性。二十世紀五〇年代至七〇年代中期，江西人口總量增長迅速，增長速度超過任何一個歷史時期，二十世紀八〇年代隨著國家計劃生育政策的實施，江西人口的增長速度明顯趨緩。

1949 年底江西人口總量為 1314.04 萬人，1990 年底人口總

量為 3810.64 萬人。1949 年江西人口占全國人口比重為 2.43%，1990 年江西人口占全國人口比重為 3.33%。1953 年第一次全國人口普查，江西人口居全國第 14 位，1990 年第四次人口普查，江西人口居全國第 13 位。2000 年第五次人口普查，江西人口總量為 4139.80 萬人。

　　根據《江西省人口統計資料（1949-1962）》、《江西統計年鑑・1992》的有關資料，可以得到 1949 年至 1990 年江西人口總量分年度數據。

1949-1990 年江西分年度人口總數（單位：萬人）

年代	人口數	年代	人口數	年代	人口數
1949	1314.04	1963	2101.03	1977	3118.00
1950	1568.12	1964	2143.63	1978	3182.82
1951	1643.91	1965	2209.54	1979	3228.98
1952	1655.69	1966	2283.65	1980	3270.20
1953	1695.25	1967	2354.36	1981	3303.92
1954	1729.74	1968	2418.16	1982	3348.35
1955	1763.38	1969	2504.73	1983	3394.50
1956	1799.97	1970	2584.51	1984	3457.89
1957	1851.45	1971	2652.31	1985	3509.80
1958	1912.89	1972	2723.01	1986	3575.76
1959	1975.97	1973	2810.46	1987	3632.31
1960	2009.85	1974	2888.29	1988	3683.88
1961	2022.67	1975	2968.53	1989	3746.22
1962	2039.91	1976	3048.21	1990	3810.64

把 1953 年 7 月第一次全國人口普查的數據和 1990 年 7 月第四次全國人口普查的數據進行比較，可以得到江西省內各地人口增長的基本情況。

1953 年和 1990 年江西各地人口增長基本情況

地市	1953 年人口數（萬人）	1990 年人口數（萬人）	增長（％）	平均年增長率（％）
南昌	149.90	378.39	152.43	2.53
景德鎮	50.72	134.35	164.89	2.67
萍鄉	61.23	138.84	126.75	2.24
九江	176.07	406.39	130.81	2.29
新余	36.80	97.33	164.48	2.66
鷹潭	38.96	94.24	141.89	2.42
贛州	333.18	707.41	112.32	2.06
宜春	217.28	466.10	114.52	2.08
上饒	257.44	579.74	125.19	2.22
吉安	202.69	437.03	115.61	2.10
撫州	153.01	331.20	116.46	2.11

一、自然變動

人口自然變動主要考察人口的「出生」「死亡」及自然增長三個方面，江西省人口出生登記制度是從 1954 年設立的，因此由於資料的侷限，只能揭示 1954 年至 1990 年江西省人口自然變動的過程。

人口自然變動的基本情況

江西省 1954 年至 1990 年共出生人口 2827.04 萬人，年均出

生 76.4 萬人，年均出生率 27.85 。此期間出生人口最多的年份是 1973 年的 99.5 萬人，最少的年份是 1961 年的 42.34 萬人。人口出生率最高的年份是 1963 年的 39.56 ，最低的是 1980 年的 18.57 。1954 年至 1990 年，全省共死亡 833.38 萬人，年均死亡 22.52 萬人，死亡人口最多的是 1960 年的 32.01 萬人，最少的是 1968 年的 18.07 萬人。人口死亡率最高的年份是 1955 年的 16.23 ，最低是的 1985 年的 5.39 。這期間江西省人口自然增長 1993.71 萬人，年均自然增長 53.88 萬人，自然增長人口最多的是 1973 年的 78.83 萬人，最少的是 1961 年的 19.07 萬人。人口自然增長率最高的年份是 1963 年的 29.80 ，最低是的 1961 年的 9.46 。從江西省的人口每年的自然變動情況來看，大致可以分成以下 4 個時期：

1954 年至 1958 年。這個時期，新中國成立，百廢俱興，出生人口數量增長較快，死亡率逐年下降。5 年共出生人口 290.76 萬人，平均出生率 32.49 ，人口自然增長迅速。

1959 年至 1961 年。這個時期，由於「三年自然災害」，出生人口數量增長速度明顯變化，出生率顯著下降，死亡人數迅速增加。江西省人口的自然增長率從 1958 年就開始下降，到 1961 年達到最低點。

1962 年至 1978 年。這個時期，一方面出現對上一階段的生育補償，一方面由於「文化大革命」期間的生育管理幾乎全部癱瘓，生育完全處於無政府狀態。全省人口出生數量快速增長，17 年間共出生人口 1475.43 萬人，年均出生人口 86.79 萬人，年均出生率 33.96 。高水平的出生率和不斷下降的人口死亡率，造成

這一時期全省人口自然增長率一直在高水平狀態。

1979 年至 1990 年。這個時期，計劃生育成為國策，各級政府下大力氣抓，人口出生情況得到有力控制。12 年間共出生 909.22 萬人，年均出生率 21.83，人口自然增長數明顯減少，自然增長率也有顯著下降。

從《江西省人口統計資料彙編》和《江西省統計年鑑》中可得到江西省 1954 年至 1990 年人口自然變動分年度的相關數據。

1954 年至 1990 年江西省人口自然變動分年度數據

年	出生人數（萬人）	出生率（‰）	死亡人數（萬人）	死亡率（‰）	自然增長人數（萬人）	自然增長率（‰）
1954	55.64	32.49	24.23	14.15		18.34
1955	56.46	32.33	28.35	16.23	28.11	16.10
1956	51.68	29.01	22.26	12.49	29.42	16.52
1957	69.99	38.34	20.95	11.48	49.04	26.86
1958	56.98	30.28	21.34	11.34	35.65	18.94
1959	55.69	28.64	25.30	13.01	30.39	15.63
1960	53.55	26.87	32.01	16.06	21.53	10.81
1961	42.34	21.00	23.28	11.54	19.07	9.46
1962	75.54	37.19	22.34	11.00	53.20	26.19
1963	81.90	39.56	20.21	9.76	61.69	29.80
1964	80.76	38.05	23.07	10.87	57.69	27.18
1965	84.55	38.85	20.43	9.39	64.12	29.46
1966	85.77	38.13	19.18	8.54	66.59	29.64
1967	81.49	35.14	18.59	8.02	62.91	27.12
1968	87.44	36.64	18.07	7.57	69.37	19.07
1969	82.30	33.44	18.30	7.44	64.00	26.00

續上表

年	出生人數（萬人）	出生率（‰）	死亡人數（萬人）	死亡率（‰）	自然增長人數（萬人）	自然增長率（‰）
1970	81.94	32.20	20.75	8.16	61.18	24.04
1971	81.17	31.00	22.34	8.53	58.83	22.47
1972	85.51	31.82	20.44	7.61	65.07	24.21
1973	99.50	35.96	20.67	7.47	78.83	28.49
1974	95.88	33.65	22.39	7.86	73.49	25.79
1975	99.49	33.98	23.45	8.01	76.05	25.97
1976	95.81	31.85	23.39	7.78	72.42	24.07
1977	91.29	29.61	24.74	8.02	66.55	21.59
1978	85.09	27.01	23.27	7.39	61.83	19.62
1979	67.24	20.97	23.18	7.23	44.06	13.74
1980	60.33	18.57	20.72	6.38	39.62	12.19
1981	67.13	20.42	21.50	6.54	45.63	13.88
1982	63.80	19.18	20.19	6.07	43.61	13.11
1983	73.90	21.92	27.75	8.23	46.15	13.69
1984	86.68	25.30	23.30	6.80	63.38	18.50
1985	70.69	20.29	18.78	5.39	51.97	14.90
1986	85.56	24.15	19.59	5.53	65.97	18.62
1987	82.60	22.92	26.06	7.23	56.54	15.69
1988	72.79	19.90	21.22	5.80	51.57	14.10
1989	85.59	23.04	23.25	6.26	62.33	16.78
1990	92.91	24.59	28.49	7.54	64.42	17.05

　　根據第三次人口普查資料中 1989 年的數據，可以看出江西省人口自然變動中死亡率的年齡和性別差別。人口的年齡差別死亡率符合兩頭高、中間低的模式。性別差別人口死亡率除四歲以

下女性的死亡率高於男性外，其餘年齡組男性死亡率均高於女性，且呈現出隨年齡增加而明顯加大的趨勢。

1989 年江西省份年齡和性別死亡率（‰）

年齡組	合計	男	女	年齡組	合計	男	女
0	31.88	28.92	35.19	45～49	4.20	4.97	3.32
1～4	2.96	2.62	3.32	50～54	6.63	7.75	5.35
5～9	0.90	0.99	0.84	55～59	40.58	12.87	8.01
10～14	0.66	0.69	0.62	60～64	18.59	22.71	14.14
15～19	1.02	1.04	1.00	65～69	29.26	35.98	22.82
20～24	1.41	1.45	1.35	70～74	48.33	59.14	39.37
25～29	1.28	1.34	1.21	75～79	72.97	88.59	62.37
30～34	1.66	1.88	1.42	80～84	116.56	142.52	103.24
35～39	1.94	2.26	1.59	85～89	154.39	185.96	141.79
40～44	2.60	3.05	2.10	≧90	224.30	245.27	217.84

總和生育率

江西省在二十世紀五〇年代育齡婦女的總和生育率比較平穩，低於全國平均水平，整個變動呈現出由低到高的趨勢。六〇年代，全省的總和生育率起伏很大，最低年份的 1961 年和最高年份的 1968 年相差 3.82，這十年間，總和生育率高於全國平均水平。七〇年代，平均總和生育率仍高於全國平均水平，但已開始呈穩步下降趨勢。八〇年代，隨著計劃生育政策的實施，全省平均總和生育率達到建國以來最低水平，但仍高於全國平均水平。

根據《中國人口‧江西分冊》和全國第三次、第四次人口普查資料，以及 1987 年 1%人口抽樣調查資料，可得到江西省 1950 年至 1990 年間部分年份的育齡婦女總和生育率基本情況。

江西省 1950 年至 1987 年間部分年份

的育齡婦女總和生育率（‰）

年	總和生育率	年	總和生育率	年	總和生育率
1950	4.69	1961	4.14	1972	6.60
1951	4.62	1962	6.76	1973	6.76
1952	5.35	1963	7.53	1974	6.55
1953	5.46	1964	6.84	1975	6.38
1954	5.72	1965	7.24	1976	5.85
1955	5.51	1966	7.35	1977	5.20
1956	5.55	1967	6.81	1978	4.73
1957	6.35	1968	7.96	1979	3.90
1958	6.26	1969	6.95	1981	2.90
1959	5.02	1970	6.81	1986	2.64
1960	5.00	1971	6.44	1987	2.51

江西省 1961 年至 1990 年間部分年份

的育齡婦女年齡組生育率（‰）

年齡組	1961 年	1963 年	1970 年	1981 年	1986 年	1989 年
15～19	59.28	115.24	81.44	14.16	35.66	38.27
20～24	202.64	365.82	334.72	268.34	281.76	255.94
25～29	212.06	361.34	324.96	178.52	151.10	153.56
30～34	170.28	315.48	292.54	61.72	39.49	37.41

續上表

年齡組	1961 年	1963 年	1970 年	1981 年	1986 年	1989 年
35～39	127.34	225.70	219.94	31.24	14.94	11.96
40～44	49.88	109.08	96.58	15.12	5.10	3.74
45～49	5.68	12.40	11.70	3.06	0.93	0.85
總和生育率	4135.8	4295.6	6809.4	2903.3	2644.9	2508.6

人口自然變動的城鄉地區差別

人口的自然變動受到經濟、文化以及地區間自然條件的影響，呈現出一定的城鄉差別和地區差別。從《中國人口·江西分冊》和全國第三次、第四次人口普查資料，以及 1987 年 1%人口抽樣調查資料中，可以通過數據的比較看出這種差別。

江西省 1954 年至 1990 年城鄉人口出生率比較

年	出生人數（萬人）		出生率（‰）	
	城鎮	農村	城鎮	農村
1954	3.60	52.04	41.80	32.00
1955	3.53	52.93	38.98	33.80
1956	4.12	52.03		
1957	4.64	65.35	45.33	37.92
1958	4.40	52.58	39.55	29.69
1959	4.44	51.25	35.27	27.85
1960	10.40	43.15	33.79	25.62
1961	7.01	35.33	22.48	20.73
1962	11.59	63.95	38.05	37.04
1963	10.07	71.83	43.98	39.01

續上表

年	出生人數（萬人）		出生率（‰）	
	城鎮	農村	城鎮	農村
1964	9.02	71.74	38.35	38.01
1965	8.43	76.12	34.73	39.36
1966	7.61	78.16	30.29	39.17
1967	7.66	73.83	29.70	35.82
1968	7.95	79.49	32.39	37.13
1969	7.06	75.24	30.16	33.78
1970	7.38	74.56	29.59	32.48
1971	7.16	74.01	27.11	31.44
1972	6.87	78.64	25.07	32.58
1973	7.71	91.79	27.06	36.99
1974	7.42	88.46	25.10	34.64
1975	8.31	91.18	27.36	34.74
1976	7.88	87.93	25.29	32.61
1977	7.83	84.46	24.31	30.23
1978	7.20	77.89	21.63	27.64
1979	6.31	60.93	17.98	21.34
1980	6.01	64.32	15.59	22.46
1981	6.64	60.49	16.12	21.04
1982	6.25	57.55	14.93	19.79
1983	7.76	66.14	19.10	22.20
1984	9.01	77.67	21.84	25.77
1985	7.35	63.34	17.51	20.83
1986	8.86	76.70	20.66	24.63

續上表

年	出生人數（萬人）		出生率（‰）	
	城鎮	農村	城鎮	農村
1987	8.53	74.07	19.65	23.37
1988	7.51	65.28	17.06	20.29
1989	8.82	76.77	19.69	23.50
1990	9.57	83.34	17.98	25.67

江西省育齡婦女總和生育率的部分年度城鄉比較

年	城鎮	農村	年	城鎮	農村
1950	4.78	4.67	1967	5.25	7.02
1951	4.11	4.70	1968	6.50	8.15
1952	5.30	5.35	1969	5.64	7.12
1953	5.24	5.49	1970	5.40	6.99
1954	5.83	5.71	1971	4.93	6.63
1955	5.41	5.52	1972	4.88	6.82
1956	5.17	5.60	1973	4.34	7.06
1957	6.62	6.31	1974	4.15	6.86
1958	6.33	6.24	1975	4.21	6.65
1959	4.81	5.05	1976	3.91	6.10
1956	5.04	4.99	1977	3.50	5.41
1961	4.30	4.11	1978	3.39	4.89
1962	5.99	6.87	1979	2.42	4.06
1963	7.51	7.53	1981	1.56	3.05
1964	7.17	6.80	1986	2.16	2.85
1965	6.09	7.40	1987	1.73	2.73
1966	6.11	7.52			

江西省 1961 年至 1990 年間部分年份的
育齡婦女年齡組生育率城鄉比較（單位：‰）

年齡組	1961 年		1963 年		1970 年	
	城鎮	農村	城鎮	農村	城鎮	農村
15～19	51.30	60.34	92.84	118.66	43.12	84.82
20～24	197.14	203.10	362.90	366.40	316.52	336.76
25～29	245.06	207.30	379.70	358.98	307.90	327.16
30～34	182.98	168.38	320.66	314.84	210.32	304.40
35～39	129.56	127.40	222.88	226.20	138.70	231.30
40～44	50.56	49.82	111.42	108.70	60.44	101.26
45～49	2.52	6.10	11.58	13.02	3.72	12.60

江西省部分年份年齡組城鄉人口死亡率比較（單位：‰）

年齡組	1981 年		1986 年		1989 年	
	城鎮	農村	城鎮	農村	城鎮	農村
15～19	6.50	26.70	23.37	40.23	17.63	43.22
20～24	145.74	279.86	224.42	305.74	178.83	276.22
25～29	136.14	182.66	136.49	157.80	117.60	165.47
30～34	17.02	66.08	33.74	42.16	25.12	41.37
35～39	7.34	34.62	9.70	17.26	5.89	13.96
40～44	0	17.12	3.88	5.65	1.34	4.45
45～49	0	3.48	0.42	1.17	0.29	1.03

江西省部分年份各地市人口死亡率比較（單位：‰）

地市	1964年	1981年	1990年
南昌	8.41	5.45	4.75
萍鄉	12.19	6.29	5.88
景德鎮	13.36	6.42	5.92
九江	11.37	7.43	6.34
新余	10.27	5.68	5.19
鷹潭	10.51	6.16	5.97
贛州	9.85	6.29	5.91
宜春	12.41	7.25	6.72
上饒	11.45	6.50	5.95
吉安	11.35	7.13	6.26
撫州	11.77	5.99	5.48

江西省部分年份城鄉人口死亡率比較（單位：‰）

年	城鎮	農村	年	城鎮	農村
1954	10.13	14.39	1975	6.17	8.22
1957	9.34	11.60	1980	5.76	6.46
1960	11.41	16.92	1985	5.33	5.58
1965	7.80	9.58	1990	5.01	5.24
1970	7.25	8.25			

二、人口遷移和流動人口

人口遷移

人口遷移是指常住地戶口變更的人口移動。江西省 1954 年至 1990 年間的人口遷移規模呈現出波浪式發展，三次遷移高峰分別出現在 1960 年、1968 年和 1981 年，三次低谷分別出現在 1967 年、1974 年和 1983 年。

根據《中國人口‧江西分冊》和江西省公安廳的《公安年報》（1986-1990）中的有關統計數據，分別可以得到江西省各年度的人口遷移量以及人口遷移的城鄉差別和性別差異。

江西省 1954 年至 1990 年人口遷移量分年度變化

年	年總遷移量（萬人）	遷入量（萬人）	遷入率（‰）	遷出量（萬人）	遷出率（‰）	淨遷移量（萬人）	淨遷移率（‰）
1954	105.69	54.63	32.0	51.06	29.9	＋3.57	＋2.1
1955	127.45	66.49	38.1	60.96	34.9	＋5.53	＋3.2
1956	189.83	100.35	56.3	89.48	50.3	＋10.87	＋6.0
1957	191.05	96.74	53.0	94.31	51.7	＋2.43	＋1.3
1959	226.18	127.14	65.4	99.04	50.9	＋28.10	＋14.5
1960	255.46	130.76	65.6	124.70	62.6	＋6.06	＋3.0
1961	132.93	68.23	33.8	64.70	32.1	＋3.53	＋1.7
1962	156.30	77.09	37.7	79.21	38.8	-2.12	-1.1
1963	85.66	39.85	19.2	45.81	22.1	-5.96	-2.9
1964	91.99	46.79	22.1	45.20	21.3	＋1.59	＋0.7
1965	97.38	49.50	22.7	47.88	21.9	＋1.62	＋0.8
1966	99.84	53.94	24.0	45.90	20.4	＋8.04	＋3.6

續上表

年	年總遷移量（萬人）	遷入量（萬人）	遷入率（‰）	遷出量（萬人）	遷出率（‰）	淨遷移量（萬人）	淨遷移率（‰）
1967	63.65	34.14	14.7	29.51	12.7	＋4.63	＋2.0
1968	212.95	117.37	49.2	95.58	40.0	＋21.79	＋9.2
1969	150.92	87.20	35.4	63.72	25.8	＋23.48	＋9.6
1970	153.95	85.21	33.4	68.74	27.0	＋16.47	＋6.4
1971	137.29	73.67	28.1	63.62	24.2	＋10.05	＋3.9
1972	142.84	74.89	27.8	67.95	25.2	＋6.94	＋2.6
1973	136.38	72.68	26.2	63.70	23.0	＋8.98	＋3.2
1974	96.69	50.56	17.7	46.13	16.1	＋4.43	＋I.6
1975	107.59	56.00	19.1	51.59	17.6	＋4.41	＋1.5
1976	113.34	60.47	20.1	52.87	17.5	＋7.60	＋2.6
1977	98.22	50.58	16.4	47.64	15.4	＋2.94	＋1.0
1978	108.92	56.03	17.7	52.89	16.7	＋3.14	＋1.0
1979	141.20	71.42	22.1	69.78	21.6	＋1.64	＋0.5
1980	146.30	78.78	24.0	67.52	20.6	＋11.26	＋3.4
1981	173.55	89.60	27.I	83.95	25.4	＋5.65	＋I.7
1982	116.81	63.73	19.0	53.08	15.9	＋10.65	＋3.1
1983	99.06	52.54	15.5	46.52	13.7	＋6.02	＋1.8
1984	117.12	60.93	17.8	56.19	16.4	＋4.74	＋1.4
1985	136.80	73.80	21.4	63.00	18.4	＋10.80	＋3.1
1986	125.52	70.69	20.28	54.83	15.73	＋15.86	＋4.6
1987	138.97	78.09	22.09	60.88	17.22	＋17.21	＋4.9
1988	143.31	88.58	24.63	54.73	15.22	＋33.85	＋9.4
1989	123.45	68.40	18.35	55.05	14.76	＋13.35	＋3.6
1990	130.97	77.28	21.09	53.69	14.65	＋23.59	＋6.4

江西省 1985 年至 1990 年遷移人口性別比（以女性為 100）

項目		省內遷移				省外遷入	遷往省外			
		合計	市	鎮	鄉	合計	合計	市	鎮	鄉
現住地	合計	25.04	205.04	137.75	109.50	154.06	174.13	146.79	113.89	
		21.39	155.50	120.67	114.96	213.2				
		49.43	246.41	145.60	128.59	240.1				
		117.16	361.33	199.37	93.60	180.6				

　　江西省內人口遷移在建國後在不同時期呈現出不同的特點。一九六五年以前，即「一五」「二五」期間，由於國家經濟建設的需要，大量農村人口遷入城市，「二五」後期，政府又有計劃地組織城鎮人口向農村遷移以減輕城鎮職工工資支出和城鎮供銷糧的壓力。「文化大革命」初期，知識青年上山下鄉運動導致大量城市人口遷往農村，幾年之後，知識青年又大批回城。改革開放後，以務工經商為標誌的經濟型人口遷移開始占據主導地位，由鄉流向市鎮。建國以來，江西省內因興建大、中型水庫，也導致了約三十五萬水庫移民。

　　第四次人口普查統計了省內人口遷移的原因構成。

江西省 1985 年至 1990 年省內人口遷移原因構成（單位：%）

地市		工作調動	分配錄用	務工經商	學習培訓	投親靠友	退休退職	隨遷家屬	婚姻遷入	其他
總計	1030	14.73	7.87	19.92	12.02	6.97	1.23	13.12	12.05	12.10
南昌	100	11.94	4.50	14.32	20.56	3.75	0.95	11.23	7.74	25.00
萍鄉	100	15.86	10.60	16.74	8.36	6.14	2.37	14.29	21.63	4.01
景德鎮	100	8.46	6.42	34.15	6.27	7.97	0.39	17.45	8.23	10.67

續上表

地市		工作調動	分配錄用	務工經商	學習培訓	投親靠友	退休退職	隨遷家屬	婚姻遷入	其他
九江	100	16.07	8.92	25.09	9.64	5.15	0.81	15.74	13.34	5.24
新余	100	22.50	14.01	14.50	3.44	13.50	0.81	20.07	5.51	5.66
鷹潭	100	24.64	9.98	15.97	6.34	7.07	1.01	19.54	11.85	3.60
贛州	100	15.30	8.31	21.40	12.49	7.26	2.93	8.50	17.43	6.39
宜春	100	12.73	8.33	21.70	8.64	13.81	0.99	10.57	13.03	10.21
上饒	100	20.41	7.73	15.90	7.37	4.85	1.40	15.59	15.73	11.03
吉安	100	14.80	10.57	24.83	8.28	7.70	1.23	14.25	14.52	3.82
撫州	100	11.63	10.10	22.76	13.59	7.00	1.00	10.66	14.61	8.64

　　江西省人口遷移中省際人口遷移比重較小。新中國成立之初，因政權建設的需要，遷入了一批隨軍南下的幹部，而後遷入的原因主要是支援江西經濟建設和國家調整工業佈局以及「上山下鄉」運動。在江西省際遷移人口中，上海移民占據重要的位置。「一五」期間江西遷入過一批上海的勞動力，二十世紀六○年代以後，遷入的上海移民則是技術人員和熟練工人，上海的下鄉知識青年也大批進入江西。改革開放之後，江西省省際移民則以經濟移民為主。建國以來，江西省接受安置過幾次國家大型水庫庫區移民。

　　根據《中國人口‧江西分冊》和江西省公安廳的《公安年報》（1986-1990）中的有關統計數據，可以分析出江西省省際人口遷移的構成。

江西省 1980 年至 1990 年省際人口遷移構成（單位：萬人）

年份	年末總人口	遷入		遷出		淨遷移	
		合計	其中省外	合計	其中省外	合計	其中省外
合計	3364.59	802.42	44.32	649.44	45.95	＋152.98	＋1.63
1980	3270.20	78.78	5.07	67.52	3.39	＋11.26	＋I.68
1981	3303.92	89.60	4.81	83.95	4.61	＋5.65	＋0.2
1982	3348.35	63.73	5.55	53.80	4.44	＋10.65	＋I.11
1983	3384.30	52.54	4.50	46.52	4.12	＋6.02	＋0.38
1984	3420.56	60.93	4.44	56.19	4.71	＋4.74	－0.27
1985	3460.24	73.80	4.15	63.00	4.99	＋10.80	－0.84
1986	3487.80	70.69		54.83		＋15.86	
1987	3534.15	78.09	4.80	60.88	5.46	＋17.21	－0.66
1988	3596.20	88.58	3.83	54.73	4.68	＋33.85	－0.85
1989	3728.29	68.40	3.69	55.05	5.21	＋13.35	－1.52
1990	3664.30	77.28	3.48	53.69	4.34	＋23.59	－0.86

第四次人口普查統計了江西省省際人口遷移的流向情況。

江西省 1985 年至 1990 年省際遷移流向分佈

省外遷入來源省		省內遷出目標省	
省	比重（％）	省	比重（％）
浙江	21.3	廣東	20.6
福建	15.7	福建	15.5
湖南	11.3	浙江	13.7
安徽	9.9	江蘇	9.7
湖北	6.8	上海	8.2

續上表

省外遷入來源省		省內遷出目標省	
省	比重（%）	省	比重（%）
江蘇	6.1	安徽	5.1
四川	5.6	湖南	5.1
廣東	5.4	湖北	4.8
其它	17.7	其它	11.8
境外（包括港、澳、台）	0.2	境外（包括港、澳、台）	5.5
合計	100	合計	100

　　改革開放之前，江西省境外遷移人口較少，只有少量的僑民。改革開放之後，中國公民出國和去中國港、澳、台的數量逐漸增多。江西省還接收安置的少量的國際難民。

　　流動人口

　　江西省在改革開放之前，人口流動不太頻繁，之後，隨著社會的發展，人口的流動規模逐漸增大。

　　1985 年前人口流動主要依據交通客運量來統計的，江西平均每年的流動人口約 4.4 億人次，其中短距離流動人口約占總流動人口的 2／3，跨縣、區、省界流動人口約 1／3，省內流動人口約占 85%。1990 年第四次全國人口普查將戶口登記中的以下三種情況作為流動人口：一是常住本縣、市一年以上，戶口在外縣、市；二是入住本縣、市不滿一年，離開戶口登記地一年以上；三是有常住戶口，外出一年以上的人。前二者為流入人口，後者為流出人口。

在《跨世紀的中國人口·江西卷》中記載了第三次、第四次全國人口普查的江西流動人口的數據。

江西省 1990 年各地市流動人口構成（單位：萬人）

地市	流入人口			流出人口	流動人口	淨流動人口（流入－流出）
	合計	情況①	情況②	情況③		
全省合計	58.77	55.34	3.43	38.59	97.36	＋20.18
南昌	14.54	14.05	0.49	6.12	20.67	＋8.42
萍鄉	7.23	7.02	0.21	0.66	7.90	＋6.57
景德鎮	0.65	0.61	0.05	0.57	1.22	＋0.08
九江	6.87	6.41	0.46	4.32	11.19	＋2.55
新余	2.19	I.94	0.15	0.63	2.72	＋1.56
鷹潭	1.84	1.73	0.12	2.10	3.94	－0.26
贛州	6.10	5.68	0.42	7.38	13.48	－1.28
宜春	5.90	5.40	0.50	3.53	9.43	＋2.37
上饒	5.13	4.78	0.35	8.03	13.16	－2.90
吉安	4.86	4.50	0.36	3.53	8.39	＋1.33
撫州	3.55	3.23	0.32	1.71	5.26	＋1.84

江西省 1990 年流動人口性別構成

項目	流入人口				流出人口				流動人口	
	合計		情況①		情況②		情況③			
性別	男	女	男	女	男	女	男	女	男	女
人數（萬人）	33.37	25.40	30.91	24.43	2.46	0.97	21.89	16.70	55.25	42.10
性別比	131.36		126.50		253.90		131.06		131.24	

江西省各地市 1982 年和 1990 年流動人口增長比較（單位：%）

地市	1982 年	1990 年	增長速度	地市	1982 年	1990 年	增長速度
南昌	1.2	3.84	277.98	贛州	0.2	0.86	357.78
萍鄉	0.3	0.47	100.28	宜春	0.5	1.27	161.39
景德鎮	0.7	5.38	809.67	上饒	0.4	0.88	140.48
九江	0.5	I.69	316.76	吉安	0.4	I.11	192.59
新余	0.5	1.96	390.16	撫州	0.7	1.07	82.22
鷹潭	0.5	0.86	357.78				

人口分布¹

1：2 000 000

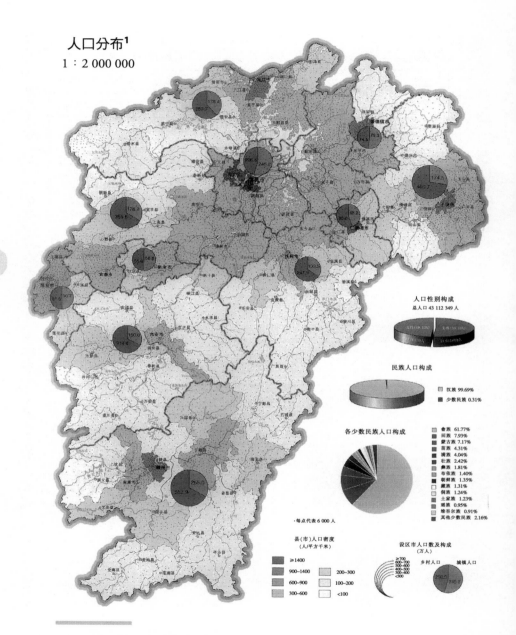

人口性别构成
总人口 43 112 349 人

民族人口构成

■ 汉族 99.69%
■ 少数民族 0.31%

各少数民族人口构成

☐ 畲族 61.77%
■ 回族 7.93%
☐ 蒙古族 7.17%
■ 苗族 4.31%
☐ 满族 4.04%
■ 壮族 2.42%
☐ 彝族 1.81%
■ 布依族 1.40%
☐ 朝鲜族 1.35%
■ 藏族 1.31%
☐ 侗族 1.24%
■ 土家族 1.23%
☐ 瑶族 0.95%
■ 维吾尔族 0.91%
■ 其他少数民族 2.16%

·每点代表 6 000 人

县(市)人口密度
(人/平方千米)

■ ≥1400
■ 900~1400
■ 600~900
■ 300~600
☐ 200~300
☐ 100~200
☐ <100

设区市人口数及构成
(万人)

≥700
600~700
500~600
400~500
300~400
<300

乡村人口　城镇人口

1　引自《江西省地圖集》，第 22 頁。

第二章

人口分佈

　　江西省地處華東，位於長江中下游南岸，疆域輪廓略呈倒梯形，南北長，東西窄。江西省為江南丘陵區的組成部分，省境內東、西、南三面邊境峰嶺高聳，層巒疊嶂，中南部丘陵起伏，盆嶺相間，北部平原河湖交織，是一個以山地丘陵為主的省。全省南高北低，周高中低，從南往北由周邊向中間傾斜，形成以鄱陽湖為底部的向北敞開的大盆地。以鄱陽湖為中心，向東、西、南方向依次為平原—丘陵—山地。源起周邊山地的河流，大小河川流經山丘平原呈向心狀匯入鄱陽湖，形成一個完整的鄱陽湖水系。全省成為一個整體向鄱陽湖傾斜而往北開口的巨大盆地。石器時代，江西即有人類聚居，主要分佈在贛北。秦漢至魏晉南北朝時期，江西人口主要分佈於以南昌為中心的鄱陽湖周圍地區。宋元以後，人口分佈逐漸向周邊丘陵地區擴展。明清時期，人口重心由北部移至中部，但南部人口仍較稀疏。近代以來，江西省人口分佈有了較大的發展變化，但北密南疏這一分佈局勢一直保持到現在。

第一節 ▶ 人口分佈的基本格局

　　江西省總面積 16.69 萬平方公里，約占全國總面積的

1.7%，列第 18 位。1982 年總人口 3318.55 萬，占全國總人口的 3.22%，列各省區第 13 位。1990 年總人口 3771.02 萬，占全國總人口的 3.33%，仍為第 13 位。江西境內自然條件差異小，絕大部分地區適宜農耕，農產品保障了人們的溫飽，這導致全省各地的人口密度差異較小，人口聚集程度較低。

一、地形類型分佈

江西省的常態地貌類型以山地和丘陵為主，省境周邊的山地面積占全省面積的 34.5%，丘陵面積占 41.6%，平原、崗地、水面占 23.7%。從 1982 年和 1990 年的兩次人口普查的數據來看，這三種類型地形區域人口的絕對數量相差不大，但人口密度差別較大。

江西省各類地形人口分佈情況

分類	海拔（米）	土地面積（平方公里）	普查年度	總人口（萬人）	占總人口%	人口密度（人／平方公里）
42 個山區縣市	500－1000	87409	1982	1135.71	34.22	129.93
			1990	1352.11	35.85	154.69
17 個丘陵縣市	100－500	47311	1982	1072.75	32.33	226.73
			1990	1206.13	31.98	254.94
21 個平原縣市	＜100	32226	1982	1110.09	33.45	344.47
			1990	1212.75	32.17	376.33

江西省人口分佈根據具體的地形情況呈現出不同的特點，在平原、江河谷地、山地丘陵間盆地人口密度相對較高，山地和高丘陵則隨海拔的升高人口密度逐漸降低。特別是沿江河谷地分佈

的情況，幾千年來都沒有太大的變化，全省人口的 4／5 分佈有贛江、鄱陽湖區、信江、撫河流域。

二、行政區域分佈

江西省人口分佈南疏北密，大致以浙贛鐵路為界，北部的 8 個二級行政區域總面積為 8.24 萬平方公里，占全省面積的 49.4%，南部的 3 個二級行政區域總面積 8.45 萬平方公里，占全省面積的 50.6%。1982 年第三次人口普查，北部人口 1953.5 萬人，占全省總人口的 58.9%，南部人口 1365 萬人，占全省總人口的 41.1%。1990 年第四次人口普查，北部人口 2295.38 萬人，占總人口的 60.9%，南部人口 1475.64 萬人，占總人口的 39.1%。

第二、三、四次人口普查江西省人口行政區域分佈及其比例

地市	1964 年人口普查數（萬人）	占全省人口比例（%）	1982 年人口普查數（萬人）	占全省人口比例（%）	1990 年人口普查數（萬人）	人口密度（人／平方公里）	占全省人口比例（%）
南昌	161.89	7.40	248.43	7.49	378.39	511.17	10.03
景德鎮	32.12	1.47	50.70	1.53	134.35	256.01	3.56
萍鄉	80.47	3.98	122.48	3.69	138.84	502.15	3.68
九江	172.47	0.79	36.47	1.09	406.39	215.90	10.78
上饒	419.22	19.17	659.34	19.87	579.74	254.37	15.37
宜春	333.71	15.26	516.82	15.57	466.10	249.66	12.36
吉安	244.22	II.17	388.48	11.71	437.03	165.95	11.59
贛州	410.91	18.79	644.52	19.42	707.41	179.64	18.76
撫州	197.13	9.01	332.02	10.0	331.20	176.01	8.78
新余					97.33	307.65	2.58

續上表

地市	1964年人口普查數（萬人）	占全省人口比例（%）	1982年人口普查數（萬人）	占全省人口比例（%）	1990年人口普查數（萬人）	人口密度（人／平方公里）	占全省人口比例（%）
鷹漳					94.24	265.15	2.50
總計	2186.80	100	3318.55	100	3771.02	255.88	100

　　和全國其他省市相比，江西省人口的橫向行政區劃分佈較為均勻。按縱向行政區劃分佈，即按城鄉分佈，可以發現江西的鄉村人口占絕大比重，城鄉人口密度差距較大，城鄉人口集中程度也有較大差異。1990 年，按第二口徑計算，江西總人口的3771.02 萬人中，市鎮人口 769.18 萬人，占全省人口的 20.39%；鄉村人口 3001.84 萬人，占全省總人口的 79.61%。同年，按第一口徑計算，全省 3771.02 萬人，城市人口 895.54 萬人，平均人口密度 500 人／平方公里，鎮人口 632.13 萬人，人口密度 200～500 人／平方公里，鄉村人口 2875.48 萬人，人口密度 193 人／平方公里。江西不同的城市，人口密度差異較大，16 個城市人口分佈集中指數為 0.75，1990 年人口密度最大的是上饒，2591人／平方公里，人口密度最低的是井岡山市，83 人／平方公里，相差 31.2 倍。相比城市而言，農村人口密度差異較小，人口分佈集中指數為 0.27，人口密度最大的是南昌縣，508.87 人／平方公里，人口密度最低的是資溪，80.58 人／平方公里。

　　江西是個農業大省，區域經濟發展速度相對均衡，1982 年江西省按行政區劃的人口分佈集中指數為 0.124，1990 年為0.12，變化不大。改革開放以來，大批農村人口流向城市，南

昌、九江等市的人口占全省人口的比重上升較快。

　　江西人口城鎮化的速度要低於全國的平均水平，但保持了一個平穩快速的發展的趨勢，1982 年第三次人口普查時，江西有城鎮 119 個，1990 年第四次人口普查時，增加到 245 個。據《江西省人口統計資料彙編》《江西統計年鑑》的統計數據，江西城鎮人口的增長率遠高於鄉村人口的增長率，非農業人口的增長率也遠高於農業人口的增長率。

江西省城鎮人口 1982 年和 1990 年比較

年	城鎮數	50萬人以上市	20～50萬人的市	10～20萬人的市	10萬人以下的市	市數	3～10萬人的鎮	1～3萬人的鎮	1萬人以下的鎮	0.3萬人以下的鎮	鎮數
1982	119	3	2	5	2	12	20	73	13	1	107
1990	245	6	6	3	I	16	84	130	15	0	229

江西省份年度市鎮人口、非農業人口構成（單位：萬人）

年	市鎮人口	非農業人口	鎮非農業人口	年	市鎮人口	非農業人口	鎮非農業人口
1949	124.83	164.04	124.83	1970	411.08	356.44	244.14
1950	159.95	285.27	159.95	1971	475.55	382.80	263.06
1951	169.93	268.28	169.93	1972	452.46	396.69	278.76
1952	171.81	235.02	171.81	1973	471.53	413.14	294.99
1953	174.05	242.25	174.05	1974	479.72	417.88	298.09
1954	196.87	255.61	196.87	1975	491.44	426.39	305.13
1955	206.51	249.24	206.51	1976	501.74	438.15	315.70
1956	213.77	255.13	213.77	1977	520.21	446.92	323.19
1957	225.18	265.30	225.18	1978	533.12	459.46	333.23

續上表

年	市鎮人口	非農業人口	鎮非農業人口	年	市鎮人口	非農業人口	鎮非農業人口
1958	243.37	330.79	242.37	1979	563.03	480.62	354.29
1959	280.41	352.97	280.41	1980	614.59	508.09	376.78
1960	460.34	400.84	460.34	1981	629.85	540.61	397.12
1961	441.34	348.67	273.59	1982	643.48	533.32	407.94
1962	416.20	309.49	239.79	1983	709.14	563.33	421.24
1963	347.36	338.00	240.11	1984	761.21	587.01	445.02
1964	358.51	330.50	241.79	1985	964.71	624.78	489.48
1965	372.55	346.95	249.79	1986	1029.21	636.56	509.42
1966	380.68	363.77	255.48	1987	1167.27	658.22	536.56
1967	393.25	373.92	260.74	1988	1308.62	674.52	556.01
1968	371.66	324.53	220.65	1989	1431.13	693.11	575.22
1969	392.29	344.40	222.18	1990	1585.67	708.40	626.71

三、人口密度

新中國成立以來，隨著人口總量的增長，江西的人口密度持續上升，1952 年，江西平均人口密度 99.2 人／平方公里，1962 年是 122.2 人／平方公里，1970 年是 154.8 人／平方公里，1980 年上升到 195.9 人／平方公里，1985 年增至 207.3 人／平方公里，1990 年時平均人口密度上升到 225.9 人／平方公里。

根據 1990 年第四次人口普查資料，江西省人口密度在 500 人／平方公里以上的有 9 個縣（市），分別是 8 個地市轄區的行政中心城市和南昌縣。人口密度 300～500 人／平方公里的有 16 個，新余市、宜春市、臨川市、豐城市、樟樹市、安義縣、進賢

縣、九江縣、湖口縣、都昌縣、余江縣、樂平縣、上饒縣、廣豐縣、餘干縣、南康縣。人口密度 200〜300 人／平方公里的有 19 個，人口密度 100〜200 人／平方公里的有 39 個，人口密度在 100 人／平方公里以下的有 7 個。

江西省主要年份各地人口密度（單位：人／平方公里）

區劃	1952 年	1962 年	1970 年	1980 年	1985 年	1990 年
全省	99.22	122.2	154.8	195.9	207.3	225.9
南昌	193.4	261.8	329.46	428.6	453.0	511.17
景德鎮	98.0	130.2	164.8	209.2	230.2	254.69
萍鄉	215.4	283.4	345.5	435.0	465.4	502.16
九江	91.6	116.0	147.7	185.7	197.7	215.9
新余	111.29	103.5	204.0	258.2	278.7	307.63
鷹潭	107.1	138.8	178.56	225.7	245.8	265.16
贛州	84.5	98.3	124.6	157.2	166.4	179.64
宜春	116.41	141.0	179.4	219.3	230.7	249.65
上饒	110.1	141.7	176.8	223.7	234.5	254.37
吉安	75.6	90.2	114.8	146.0	154.0	165.96
撫州	81.6	91.4	119.7	153.I	159.9	176.01

1990 年第四次人口普查江西省
各市縣人口密度（單位：人／平方公里）

區劃	人口密度	區劃	人口密度	區劃	人口密度	區劃	人口密度
全省	225.9	分宜縣	213.09	宜春市	330.17	井岡山市	82.87
南昌	511.17	鷹潭市	265.16	豐城縣	383.18	吉安縣	183.11

續上表

區劃	人口密度	區劃	人口密度	區劃	人口密度	區劃	人口密度
市轄區	2410.09	市轄區	984.29	高安縣	29。0.32	吉水縣	163.20
南昌縣	508.87	貴溪縣	201.96	清江縣	380.16	峽江縣	119.95
新建縣	258.02	餘江縣	326.91	奉新縣	161.71	新幹縣	224.76
安義縣	333.52	贛州地區	179.64	萬載縣	253.15	永豐縣	134.90
進賢縣	336.42	贛州市	817.61	上高縣	228.46	泰和縣	175.20
景德鎮市	254.69	贛縣	158.99	宜豐縣	136.64	遂川縣	152.69
市轄區	927.06	南康縣	370.42	靖安縣	96.00	萬安縣	127.35
樂平縣	352.89	信豐縣	198.48	銅鼓縣	85.94	安福縣	129.12
萍鄉市	502.16	大余縣	190.47	上饒地區	254.37	永新縣	194.01
九江市	215.9	上猶縣	165.10	上饒市	2591.04	蓮花縣	204.39
市轄區	632.45	崇義縣	89.83	上饒縣	302.60	寧岡縣	127.23
九江縣	378.16	安遠縣	123.50	廣豐縣	477.19	撫州地區	176.01
瑞昌市	263.63	龍南縣	160.37	玉山縣	288.00	臨川縣	411.47
武寧縣	99.69	定南縣	131.39	鉛山縣	173.77	南城縣	160.49
修水縣	256.08	全南縣	115.05	橫峰縣	270.21	黎川縣	122.20
永修縣	170.99	寧都縣	155.73	飛陽縣	208.07	南豐縣	130.26
德安縣	187.92	于都縣	253.36	餘干縣	323.93	崇仁縣	183.61
星子縣	287.16	興國縣	185.20	波陽縣	273.19	樂安縣	132.87
都昌縣	300.67	瑞金縣	207.45	萬年縣	279.54	宜黃縣	100.14
湖口縣	363.54	會昌縣	133.36	德興縣	141.20	金溪縣	183.51
彭澤縣	206.23	尋烏縣	108.77	婺源縣	108.28	資溪縣	80.58
新余市	307.63	石城縣	160.13	吉安地區	165.96	東鄉縣	253.69
市轄區	381.84	宜春地區	249.65	吉安市	567.92	廣昌縣	121.29

第二節 ▶ 城鎮人口

從西漢開始，江西就有了比較完善的行政區劃，有了人口較為密集的行政中心，民國時期，江西開始設置市鎮，至 1990 年底，江西省有 6 個省轄市和 10 個縣級市。現行的鎮的建制是從新中國成立以後開始的，鎮作為基層政府所在地，是一定區域內鄉村政治、經濟、文化、科技和服務中心。江西的鎮有郊區鎮、縣城鎮、工礦鎮和鄉（集）鎮 4 種，鎮的人口主要指少於 10 萬人口的小城鎮人口。

江西省的城鎮人口總量在建國至 1958 年期間增長緩慢，1958 年至 1960 年快速增長，在 1961 年至 1963 年期間有所下降，1964 年至 1977 年間持續緩慢增長，改革開放以後，城鎮人口開始大幅上升。

根據《江西省人口統計資料彙編》（1949-1985）和《江西統計年鑑》（1991）等歷年統計年鑑資料有關數據，列出江西省部分年份城鎮人口總量和城鎮人口規模分佈的變化以供分析。

江西省部分年份城市人口變化（單位：萬人）

區劃	1953	1960	1963	1979	1980	1983	1985	1988	1989	1990
南昌	40.80	70.90	67.57	88.02	100.87	106.13	111.56	128.77	132.62	135.41
景德鎮	20.97	31.40	31.78	49.01	49.44	55.33	56.97	59.87	35.32	35.77
上饒	6.70	48.80	9.01	12.7	13.24	13.84	14.24	15.60	15.99	16.37
贛州	10.00	17.10	15.10	19.08	31.86	33.30	34.60	37.02	37.86	38.31
吉安	5.35	11.30	10.91	16.49	16.80	17.66	18.43	27.86	28.26	28.97
九江	6.67	12.4	II.II	27.44	35.14	37.24	38.23	40.91	41.40	42.38
臨川	3.65	7.07		15.40	15.84	16.70	17.18	83.46	84.93	86.39

新余		34.52				58.42	61.06	65.38	66.82	67.58
萍鄉		82.11	80.50	118.5	120.27	125.40	128.67	135.50	137.69	139.69
鷹潭				9.23	9.63	10.66	11.62	12.66	13.06	13.44
宜春					15.11	16.13	77.02	81.32	82.54	83.75
井岡山							4.96	5.19	5.27	5.32
樟樹								48.44	48.83	49.43
豐城								104.94	405.91	108.13
瑞昌									37.20	37.55
德興										28.29
城市人口	94.14	315.60	225.98	355.82	408.21	490.80	574.54	846.93	873.7	916.78
市非農業人口	72.86	165.72	128.40	190.17	212.89	244.38	272.63	334.32	345.36	362.47

江西省城市人口規模分佈（單位：個）

人口規模	1950 年	1960 年	1970 年	1980 年	1985 年	1990 年
100 萬以上				2	2	3
50～100 萬		2	2	0	3	4
20～50 萬	1	3	1	3	2	6
20 萬以下	5	4	5	5	5	3
合計	6	9	8	10	12	16

江西省部分年份建制鎮變化

項目	1953 年	1957 年	1964 年	1975 年	1982 年	1985 年	1990 年
建制鎮數（個）	206	122	116	116	106	172	229

續上表

項目	1953 年	1957 年	1964 年	1975 年	1982 年	1985 年	1990 年
鎮人口總數（萬人）	126.26	122.48	126.90	184.05	223.37	395.90	632.13
鎮平均人口數（萬人）	0.516	1.004	1.094	1.587	2.107	2.302	2.760
鎮人口占全省人口比例	6.3	6.6	5.9	6.2	6.7	11.3	16.08

江西省鎮人口分數量分年度變化

年	鎮人口（萬人）	鎮人口占市鎮人口比重（%）	年	鎮人口（萬人）	鎮人口占市鎮人口比重（%）	年	鎮人口（萬人）	鎮人口占市鎮人口比重（%）
1949	6.07	4.6	1963	116.03	33.4	1977	191.78	36.9
1950	99.31	21.0	1964	126.90	35.4	1978	235.75	41.1
1951	92.08	19.8	1965	131.71	35.3	1979	207.21	36.8
1952	97.78	19.8	1966	132.94	34.9	1980	206.36	33.6
1953	106.26	61.0	1967	139.79	35.5	1981	214.77	34.1
1954	101.98	55.3	1968	149.48	40.2	1982	223.37	34.6
1955	105.98	54.6	1969	152.98	39.0	1983	218.34	30.8
1956	102.52	51.2	1970	153.78	36.8	1984	261.17	34.3
1957	112.48	49.7	1971	205.39	43.3	1985	395.90	41.0
1958	110.09	45.4	1972	173.33	38.3	1986	439.07	42.7
1959	131.43	46.9	1973	180.45	38.3	1987	488.28	41.8
1960	147.11	48.2	1974	179.84	37.5	1988	461.71	35.3
1961	139.88	47.4	1975	184.05	37.5	1989	557.39	38.9
1962	123.17	45.7	1976	185.90	37.0	1990	632.14	41.35

江西省 1990 年鎮人口行政區劃分佈和平均規模情況

區劃	個數	鎮人口（萬人）	平均規模（萬人／個）	占全省鎮人口比重（％）
全省	229	632.14	2.76	100.00
南昌	13	52.42	4.03	8.28
景德鎮	11	37.10	3.37	5.87
上饒	23	65.94	2.87	10.43
贛州	75	196.18	2.62	31.03
吉安	32	81.92	2.56	12.96
九江	12	30.75	2.56	4.86
撫州	36	78.58	2.18	12.43
新余	5	17.39	3.48	2.75
萍鄉				
鷹潭	5	18.73	3.75	2.96
宜春	17	53.13	3.13	8.40

江西省 1990 年鎮的非農業人口規模與分佈情況

鎮名	鎮總人口（人）	其中非農業人口（人）	鎮名	鎮總人口（人）	其中非農業人口（人）
南昌縣蓮塘鎮	41858	30647	奉新縣馮川鎮	28870	18159
南昌縣向塘鎮	105444	31702	萬載縣康樂鎮	41008	31646
新建縣長埈鎮	52779	37987	上高縣敖陽鎮	43159	31820
安義縣龍津鎮	29249	13870	宜豐縣新昌鎮	26884	21747
進賢縣民和鎮	48547	35383	靖安縣雙溪鎮	25006	16176
樂平縣樂平鎮	63192	45991	銅鼓縣永寧鎮	17577	14042
九江縣沙河街鎮	29373	18509	廣豐縣永豐鎮	22730	18627

續上表

鎮名	鎮總人口（人）	其中非農業人口（人）	鎮名	鎮總人口（人）	其中非農業人口（人）
武寧縣新寧鎮	30180	19409	玉山縣冰溪鎮	35461	27731
修水縣義寧鎮	35127	28903	鉛山縣河口鎮	27310	21205
永修縣塗埠鎮	30752	24947	鉛山縣永平鎮	28915	14934
德安縣蒲亭鎮	23985	19958	橫峰縣岑陽鎮	29846	16712
星子縣南康鎮	18756	14964	戈陽縣飛江鎮	41396	30256
都昌縣都昌鎮	35626	21614	餘干縣餘幹鎮	31544	21018
湖口縣雙鐘鎮	27572	20950	波陽縣鄱陽鎮	65063	60289
彭澤縣龍城鎮	24782	17708	萬年縣陳營鎮	28868	19323
分宜縣分宜鎮	69508	34432	德興縣銀城鎮	33658	25374
貴溪縣雄石鎮	68969	53908	婺源縣紫陽鎮	19300	15271
余江縣鄧埠鎮	35802	16729	吉安縣敦厚鎮	28374	14480
贛縣梅林鎮	22863	12690	吉水縣文峰鎮	33388	18635
南康縣蓉江鎮	23512	15036	峽江縣巴邱鎮	16864	12156
南康縣唐江鎮	15175	11629	新幹縣金川鎮	26179	14226
信豐縣嘉定鎮	33595	19717	永豐縣思江鎮	21222	17445
大余縣南安鎮	33986	28526	泰和縣澄江鎮	27231	15735
上猶縣東山鎮	17863	10854	遂川縣泉江鎮	26517	15731
崇義縣橫水鎮	30254	12053	萬安縣芙蓉鎮	21632	18418
安遠縣欣山鎮	18715	11242	安福縣平都鎮	27487	17086
龍南縣龍南鎮	24550	17916	安福縣滸坑鎮	16411	12253
全南縣城廂鎮	16664	11955	永新縣禾川鎮	34417	20984
全南縣大吉山鎮	16224	13882	南城縣建昌鎮	36715	31184
寧都縣梅江鎮	78826	31663	黎川縣日峰鎮	31974	24517
于都縣盤古山鎮	25169	10389	南豐縣琴城鎮	36685	27785
于都縣貢江鎮	72802	22657	崇仁縣巴山鎮	40871	32817

續上表

鎮名	鎮總人口（人）	其中非農業人口（人）	鎮名	鎮總人口（人）	其中非農業人口（人）
興國縣激江鎮	22014	19586	樂安縣敖溪鎮	33619	14928
瑞金縣象湖鎮	43358	25808	宜黃縣風崗鎮	26383	18772
會昌縣湘江鎮	24895	15472	金溪縣秀穀鎮	27204	16941
尋烏縣長寧鎮	19481	11982	貴溪縣鶴城鎮	18759	12782
石城縣琴江鎮	21423	12646	東鄉縣孝崗鎮	42423	29952
高安縣蛹陽鎮	39447	30620	廣昌縣旴江鎮	36432	16222

第三節 ▶ 農村人口

　　江西是一個農業省，農村人口占全部人口的比重很大。新中國成立時，江西的農村人口占全省人口的 91%，高出全國平均水平 1.6 個百分點。建國以來，由於統計指標的不一致，導致農村人口和農業人口總量上的差異，一種是用總人口數減去城鎮人口數得到農村人口的數據，一種是以是否商品糧為標準來統計農業人口。

　　根據歷年的統計部門和公安部門的資料，可以分別得到江西省歷年的農村人口和農業人口的總量變化。

江西省 1949 年至 1990 年農村人口變化（萬人）

年	總人口	市鎮人口	農村人口	農村人口占總人口比重（%）	年	總人口	市鎮人口	農村人口	農村人口占總人口比重（%）
1949	1314.04	124.83	1189.21	90.5	1970	2584.51	411.08	2173.43	84.1
1950	1568.12	159.95	1408.18	89.8	1971	2652.31	475.55	2177.76	82.1

續上表

年	總人口	市鎮人口	農村人口	農村人口占總人口比重（%）	年	總人口	市鎮人口	農村人口	農村人口占總人口比重（%）
1951	1643.91	169.92	1474.59	89.7	1972	2723.01	452.46	2270.55	83.4
1952	1655.69	171.81	1483.88	89.6	1973	2810.46	471.53	2338.92	83.2
1953	1695.25	174.05	1521.20	89.7	1974	2888.29	479.72	2408.57	83.4
1954	1729.74	196.87	1532.87	88.6	1975	2968.53	491.44	2477.09	83.4
1955	1763.38	206.51	1556.87	88.3	1976	3048.21	501.74	2546.47	83.5
1956	1799.97	213.77	1586.20	88.1	1977	3118.00	520.21	2597.79	83.3
1957	1851.45	225.18	1626.26	87.8	1978	3182.82	533.12	2649.70	83.3
1958	1912.89	243.37	1670.52	87.3	1979	3228.98	563.03	2665.95	82.6
1959	1975.97	280.41	1695.56	85.8	1980	3270.20	614.59	2655.61	81.2
1960	2009.85	460.34	1549.51	77.1	1981	3303.92	629.85	2674.07	80.9
1961	2022.67	441.34	1581.33	78.2	1982	3348.35	643.48	2704.87	80.8
1962	2039.91	416.20	1623.70	79.6	1983	3394.50	709.14	2675.16	79.0
1963	2101.03	347.36	1753.67	83.5	1984	3457.89	761.21	2659.35	77.7
1964	2143.63	358.51	1785.12	83.3	1985	3509.80	964.71	2555.53	73.9
1965	2209.54	372.55	1836.99	83.1	1986	3575.76	1029.21	2480.15	70.7
1966	2283.65	380.68	1902.97	83.3	1987	3632.31	1167.27	2391.68	67.2
1967	2354.36	393.25	1961.11	83.3	1988	3683.88	1308.62	2324.82	64.0
1968	2418.16	371.66	2046.50	84.6	1989	3746.22	1431.13	2264.02	61.3
1969	2504.73	392.29	2112.44	84.3	1990	3810.64	1585.67	2224.97	58.4

江西省 1949 年至 1990 年農業人口變化（萬人）

年	總人口	農業人口	農業人口占總人口比重（%）	年	總人口	農業人口	農業人口占總人口比重（%）
1949	1314.04	1150.00	87.52	1970	2584.51	2228.07	86.21
1950	1568.12	1282.84	81.81	1971	2652.31	2269.05	85.57
1951	1643.91	1375.63	83.68	1972	2723.01	2326.32	85.43
1952	1655.69	1420.67	85.81	1973	2810.46	2397.32	85.30
1953	1695.25	1453.00	85.71	1974	2888.29	2470.41	85.53
1954	1729.74	1474.13	85.22	1975	2968.53	2542.29	85.64
1955	1763.38	1514.14	85.87	1976	3048.21	2609.67	85.61
1956	1799.97	1544.84	85.83	1977	3118.00	2671.08	85.67
1957	1851.45	1586.15	85.67	1978	3182.82	2723.36	85.56
1958	1912.89	1582.10	82.71	1979	3228.98	2748.36	85.12
1959	1975.97	1623.00	82.14	1980	3270.20	2762.11	84.46
1960	2009.85	1609.01	80.01	1981	3303.92	2768.30	83.79
1961	2022.67	1674.00	82.76	1982	3348.35	2795.03	83.47
1962	2039.91	1730.41	84.83	1983	3394.50	2820.98	83.35
1963	2101.03	1763.03	83.91	1984	3457.89	2833.55	82.84
1964	2143.63	1813.13	84.58	1985	3509.80	2835.46	81.94
1965	2209.54	1862.59	84.30	1986	3575.76	2872.80	81.86
1966	2283.65	1919.88	84.07	1987	3632.31	2900.73	81.50
1967	2354.36	1980.44	84.12	1988	3683.88	2958.92	81.44
1968	2418.16	2093.63	86.58	1989	3746.22	3002.04	81.24
1969	2504.73	2160.33	86.25	1990	3810.64	3102.24	81.41

江西省部分年份各地市農業人口比重

區劃	項目	1952 年	1953 年	1964 年	1970 年	1982 年	1985 年	1990 年
南昌	總人口（萬人）	33.09	40.80	69.41	61.18	248.91	335.31	378.39
	農業人口（萬人）	6.01	6.92	10.78	12.25	149.47	215.88	240.33
	農業人口占總人口比重（%）	18.16	16.96	15.53	20.02	60.05	64.38	63.51
景德鎮	總人口（萬人）	10.83	20.97	32.67	39.97	50.43	121.45	134.35
	農業人口（萬人）	5.05	10.73	14.80	19.62	22.68	80.13	90.21
	農業人口占總人口比重（%）	46.63	51.17	45.30	49.09	44.97	65.98	67.15
萍鄉	總人口（萬人）				95.52	123.88	128.67	138.84
	農業人口（萬人）				78.26	94.80	91.80	107.58
	農業人口占總人口比重（%）				81.93	76.53	71.35	77.41
九江	總人口（萬人）	172.50	177.53	230.86	278.05	358.76	372.20	406.39
	農業人口（萬人）	157.65	160.66	202.47	243.82	301.79	309.85	335.43
	農業人口占總人口比重（%）	91.39	90.50	87.70	87.69	84.12	83.25	82.54
新余	總人口（萬人）						88.16	97.32
	農業人口（萬人）						69.13	75.29
	農業人口占總人口比重（%）						78.42	77.36
鷹潭	總人口（萬人）						87.37	94.24
	農業人口（萬人）						70.17	75.23
	農業人口占總人口比重（%）						70.32	79.83

續上表

區劃	項目	1952 年	1953 年	1964 年	1970 年	1982 年	1985 年	1990 年
贛州	總人口（萬人）	334.12	336.27	417.91	500.02	651.69	655.33	707.41
	農業人口（萬人）	302.65	297.36	368.31	450.92	575.83	573.41	614.85
	農業人口占總人口比重（％）	90.58	88.43	88.13	90.18	88.36	87.50	86.92
宜春	總人口（萬人）			544.18	413.98	521.69	430.73	466.10
	農業人口（萬人）			480.35	365.15	445.30	357.22	392.67
	農業人口占總人口比重（％）			88.27	88.20	85.36	82.93	84.25
上饒	總人口（萬人）	345.56	346.14	446.92	513.48	666.64	534.43	579.74
	農業人口（萬人）	310.60	309.70	385.18	456.50	576.35	465.73	502.26
	農業人口占總人口比重（％）	89.88	89.47	86.19	88.90	86.46	87.15	86.64
吉安	總人口（萬人）	199.04	204.40	248.58	302.30	392.10	405.66	437.03
	農業人口（萬人）	178.30	185.43	223.02	270.76	344.42	349.83	377.30
	農業人口占總人口比重（％）	89.58	90.72	89.72	89.57	87.84	86.24	86.33
撫州	總人口（萬人）	138.35	139.07	153.09	256.42	334.25	300.94	331.20
	農業人口（萬人）	117.66	119.18	128.21	223.14	284.09	252.31	275.13
	農業人口占總人口比重（％）	85.05	85.70	83.75	87.02	84.99	83.85	83.07

江西省部分年份農業人口和人口密度行政區劃分佈情況

區劃	1953 年		1964 年		1982 年		1990 年	
	農業人口（萬人）	人口密度（人／平方公里）	農業人口（萬人）	人口密度（人／平方公里）	農業人口（萬人）	人口密度（人／平方公里）	農業人口（萬人）	人口密度（人／平方公里）
南昌	6.92	121.8	10.78	189.8	149.47	311.8	240.33	324.6
景德鎮	10.73	32.7	14.80	45.2	22.68	69.3	90.21	171.9
上饒	309.70	104.7	385.15	130.2	576.35	203.5	502.26	220.1
贛州	297.36	75.5	368.31	89.89	575.83	140.5	614.85	156.4
吉安	185.43	70.4	223.20	84.7	344.42	130.8	377.30	143.3
九江	160.66	85.3	202.47	107.5	301.79	166.5	335.43	178.3
撫州	119.18	67.9	128.21	80.4	284.09	148.3	275.13	146.2
宜春			480.35	152.8	445.60	198.2	392.67	210.6
萍鄉					94.80	342.8	107.48	388.6
鷹潭							75.23	211.5
新余							75.29	238.3

第三章

人口構成

　　人口結構包括人口的年齡、性別、民族、婚姻、宗教信仰和就業狀況等方面。

第一節 ▶ 江西人口的年齡與性別構成

　　人口的年齡和性別是人口的兩個基本自然屬性。江西省人口年齡結構比較年輕，低於全國平均水平。江西人口性別構成中，男性人口多於女性人口，基本平衡。

一、年齡構成

　　人口的年齡構成是指在各年齡上人口的分佈情況。根據新中國成立後的四次人口普查的數據，可以分析出江西省人口的年齡結構的基本情況。1982 年的人口普查，當時的江西省靜態人口年齡類型是年輕型，動態人口年齡類型是增加型，人口再生產能力較強。1990 年的人口普查，江西省靜態人口年齡類型已轉為成年型，動態人口年齡類型是穩定型，人口再生產能力仍較強。

江西省4次人口普查各年齡組人口分佈（萬人、%）

年齡組（歲）	1953 年		1964 年		1982 年		1990 年	
	人口	占總人口比重	人口	占總人口比重	人口	占總人口比重	人口	占總人口比重
0～4	261.34	15.58	317.80	15.08	367.16	11.06	416.35	11.04
5～9	172.08	10.26	278.77	13.23	481.78	14.52	349.77	9.28
10～14	143.94	8.58	245.77	11.67	438.67	13.22	432.57	11.47
15～19	149.56	8.92	181.15	8.68	395.52	11.92	450.46	11.95
20～24	125.90	7.51	146.49	7.90	251.55	7.58	417.63	11.07
25～29	130.70	7.79	154.92	7.35	269.79	8.13	321.82	8.53
30～34	124.07	7.40	131.07	6.23	215.98	6.51	299.31	7.06
35～39	117.02	6.98	127.92	6.07	153.84	4.63	247.90	6.57
40～44	100.36	5.98	119.62	5.68	143.73	4.33	185.65	4.92
45～49	92.40	5.51	103.51	4.91	138.61	4.18	137.52	3.65
50～54	74.54	4.44	87.32	3.77	115.05	3.47	137.27	3.64
55～59	66.78	3.98	74.45	3.53	106.06	3.20	116.33	3.08
60～64	51.73	3.08	58.04	2.75	91.39	2.75	99.47	2.64
65～69	33.65	2.01	39.43	1.86	66.86	2.01	83.19	2.21
70～74	19.79	1.18	23.74	1.13	44.60	1.34	56.89	1.51
75～79	9.40	0.56	11.61	0.53	24.97	0.75	32.42	0.86
80～84	3.09	0.18	4.11	0.19	9.88	0.30	14.28	0.38
85 以上	0.91	0.06	1.08	0.04	3.15	0.09	5.19	0.14
合計	1677.26	100.00	2106.80	100.00	3318.55	100.00	3771.02	100.00

江西省4次人口普查人口年齡構成（萬人、％）

年齡組（歲）	1953 年 人口	1953 年 占總人口比重	1964 年 人口	1964 年 占總人口比重	1982 年 人口	1982 年 占總人口比重	1990 年 人口	1990 年 占總人口比重
0	59.49	3.55	83.46	3.96	65.96	I.99	89.30	2.37
0〜14	578.37	34.42	842.34	39.98	1287.59	38.80	1198.69	31.79
1〜6	281.49	16.78	347.27	16.48	493.64	14.88	477.73	12.67
7〜14	237.39	14.15	411.61	19.54	727.99	21.94	631.66	16.75
男 15〜59	502.64	29.97	592.82	28.14	936.16	28.21	1188.29	31.51
男 60 以上	47.46	2.83	55.67	2.64	109.47	3.29	137.59	3.65
女 15〜24	443.60	26.45	494.08	23.45	802.98	24.20	1037.81	27.53
女 55 以上	106.20	5.33	121.89	5.79	182.33	5.49	208.65	5.53
60 以上	118.58	7.07	137.72	6.54	240.86	7.26	291.44	7.74
全省總計	1677.26	100.00	2106.80	100.00	3318.55	100.00	3771.02	100.00

　　江西省的人口年齡構成存在地區差異和城鄉差異。1982 年人口普查時，老年人口與少年人口的比例最高的是南昌，為 16.91 %，最低是的撫州，為 9.52%，相差 7.39%。1990 年人口普查時，老年人口比重最高的宜春，為 8.36%，最低的是撫州，為 6.83%，差 1.53%。勞動年齡人口 1982 年占總人口比重最大的是南昌，為 64.86%，最低的是吉安，為 52.11%。1990 年普查時，勞動年齡人口最高的是新余，為 60.37%，最低是仍是吉安，為 54.52%。1990 年江西省的市、鎮、縣人口的年齡差異主要表現為縣人口最年輕，市次之，鎮居末。縣、市、鎮人口的年齡中位數分別是 22.02 歲、25.99 歲和 26.12 歲。特別是在 0-14

歲人口占總人口比重這一指標上，市、鎮人口類型均已是老年型，縣還是成年型，而在 60 歲以上人口比重和老少比、年齡中位數等指標上市、鎮、縣人口類型都還是成年型。

江西省 1982 年、1990 年各地市人口年齡構成

區劃	1982 年					1990 年				
	0~14歲（%）	15~59（%）	60歲以上（%）	年齡中位數（歲）	老少比	0~14歲（%）	15~59（%）	60歲以上（%）	年齡中位數（歲）	老少比
全省	38.80	53.94	7.26	19.70	11.61	31.79	56.51	7.73	22.83	22.29
南昌	27.73	64.86	7.41	25.24	16.91	28.95	59.31	7.83	24.15	17.44
景德鎮	31.51	61.74	6.75	23.08	13.35	30.69	58.53	6.90	23.54	13.87
萍鄉	37.73	55.14	7.13	20.18	12.13	31.56	56.74	7.91	23.56	16.82
九江	30.09	62.75	7.16	24.92	14.91	32.48	55.97	7.81	22.88	15.58
贛州	39.78	52.75	7.46	19.37	11.95	31.49	58.91	8.06	22.73	17.06
宜春	37.89	54.40	7.70	20.02	12.85	31.00	59.07	8.36	23.20	17.87
上饒	39.57	53.57	6.86	19.38	10.49	33.09	55.76	7.35	22.21	14.57
吉安	40.02	52.11	7.87	19.36	12.11	33.53	54.52	8.03	22.23	16.38
撫州	40.97	52.51	6.52	18.63	9.52	33.04	58.72	6.83	21.83	13.34
鷹潭						30.98	58.14	6.99	23.03	14.52
新余						28.62	60.37	7.10	23.81	16.05

江西省 1982 年、1990 年市、鎮、縣人口年齡構成（單位：%）

區劃年齡組（歲）	1982 年			1990 年		
	市（占總人口比重）	鎮（占總人口比重）	縣（占總人口比重）	市（占總人口比重）	鎮（占總人口比重）	縣（占總人口比重）
0～4	9.01	8.37	11.61	8.68	8.05	11.70

續上表

區劃年齡組（歲）	1982 年			1990 年		
	市（占總人口比重）	鎮（占總人口比重）	縣（占總人口比重）	市（占總人口比重）	鎮（占總人口比重）	縣（占總人口比重）
5～9	11.59	11.76	15.21	7.45	7.09	9.77
10～14	11.75	12.22	13.53	9.71	9.85	11.91
15～19	12.18	12.13	11.86	10.88	11.48	12.17
20～24	8.61	8.33	7.36	11.32	11.15	11.03
25～29	9.54	9.27	7.81	9.96	10.73	8.11
30～34	7.70	8.18	6.81	8.53	8.41	6.70
35～39	5.44	6.15	4.38	8.03	8.06	6.20
40－44	5.10	5.76	4.09	5.71	6.19	4.68
45～49	4.86	5.17	3.99	4.35	4.63	3.44
50～54	3.88	3.81	3.37	4.15	4.33	3.49
55～59	3.09	2.82	3.24	3.48	3.39	2.99
60～64	2.62	2.21	2.82	2.74	2.46	2.63
65～69	2.01	1.63	2.05	2.10	1.75	2.26
70～74	1.37	I.14	I.36	1.46	1.20	I.54
75～79	0.81	0.67	0.75	0.88	0.74	0.87
80～84	0.33	0.28	0.29	0.41	0.36	0.39
85 以上	0.11	0.10	0.09	0.17	0.17	0.13

二、性別構成

根據歷年江西省統計年鑑和四次人口普查的資料，江西省人口性別構成略顯偏高，但總體穩定。1949 年至 1990 年間，絕大多數年份男女性別比在 105～107 之間，最高的是 1960 年，為

108.63，最低的是 1949 年，為 103.02。

江西省 1949 年至 1990 年人口性別構成

年	男占總人口（%）	女占總人口（%）	性別比	年	男占總人口（%）	女占總人口（%）	性別比
1949	50.75	49.25	103.02	1970	51.55	48.45	106.40
1950	51.15	48.85	104.71	1971	51.56	48.44	106.47
1951	51.19	48.81	104.91	1972	51.52	48.48	106.29
1952	51.41	48.59	105.81	1973	51.52	48.48	106.30
1953	51.13	48.87	104.65	1974	51.56	48.44	106.45
1954	51.12	48.88	104.97	1975	51.62	48.38	106.69
1955	51.22	48.78	105.02	1976	51.64	48.36	106.80
1956	51.49	48.51	106.11	1977	51.65	48.35	106.82
1957	51.45	48.55	105.97	1978	51.61	48.39	106.67
1958	51.67	48.33	106.95	1979	51.59	48.41	106.59
1959	52.00	48.00	108.33	1980	51.58	48.42	106.39
1960	52.06	48.94	108.63	1981	51.55	48.45	106.49
1961	51.67	48.33	106.94	1982	51.57	48.43	106.72
1962	51.41	48.59	105.80	1983	51.63	48.37	106.98
1963	51.45	48.55	106.00	1984	51.67	48.33	107.16
1964	51.62	48.38	106.99	1985	51.73	48.27	107.16
1965	51.44	48.56	105.96	1986	51.74	48.26	107.20
1966	51.50	48.50	106.21	1987	51.76	48.24	107.32
1967	51.65	48.35	106.86	1988	51.72	48.28	107.13
1968	51.31	48.69	105.40	1989	51.74	48.26	107.19
1969	51.44	48.56	105.94	1990	51.69	48.31	106.99

江西省的人口性別構成存在地區差異和城鄉差異，這種差異

是由各地間自然因素、社會因素、歷史條件等不同造成的。江西省人口性別比按地區分佈總體表現為北高南低。1982 年，性別比最高的是景德鎮的 110.42，最低的是贛州的 103.34。1990年，性別比最高的是新余的 110.27，最低的是贛州，為 104.52。如果以縣（市）為單位進行比較的話，1990 年的性別比，最高值和最低值間相差 16.83，相差懸殊。江西人口性別構成的城鄉差異表現在鎮人口男女的性別比最高，市次之，縣最低。

江西省各地 1982 年第三次和 1990 年第四次人口普查性別比（女＝100）

區劃	1982 年	1990 年	區劃	1982 年	1990 年
南昌	107.12	107.78	贛州	103.34	104.52
景德鎮	110.42	109.79	宜春	107.19	107.80
萍鄉	107.51	106.29	上饒	108.99	108.68
九江	107.50	107.07	吉安	104.21	105.62
新余	109.14	110.27	撫州	105.91	106.70
鷹潭	108.28	109.09			

說明：1982 年的資料按 1990 年的行政區劃進行了調整。

江西省市、鎮、縣 1982 年第三次和 1990 年第四次人口普查性別比（人數單位：萬人）

區劃年齡組（歲）	1982 年			1990 年		
	男性人數	女性人數	性別比	男性人數	女性人數	性別比
合計	1711.43	1607.12	106.49	1949.18	1821.84	106.99
市	219.59	202.33	108.53	272.58	252.76	107.84
鎮	121.65	101.73	119.58	128.99	113.18	113.97
縣	1370.19	1303.06	105.15	1547.60	1455.89	106.30

人口年齡、性別構成[1]

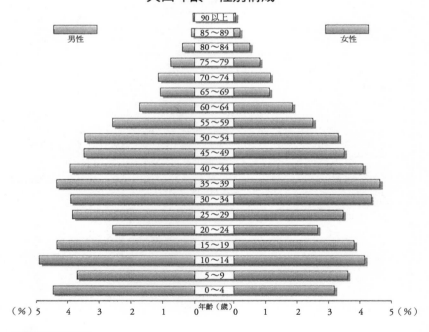

1　引自《江西省地圖集》，第 23 頁。

第二節 ▶ 婚姻與家庭

　　婚姻是男女兩性結合的一種社會關係，是建立家庭的前提和基礎。家庭則是人口再生產的基本單位。

一、婚姻

　　江西省人口的婚姻狀況表現為初婚年齡低，婚齡人口有偶率高，人口的婚姻、家庭關係比較穩定。

　　新中國成立後，江西省人口的初婚年齡逐步提高。根據有關統計數據，江西女性平均初婚年齡，20 世紀 50 年代約為 17 歲，60 年代則為 18，70 年代在 19 至 20 歲之間，90 年代上升至 21 歲左右。江西省人口的結婚率也表現為穩步上升，以 1979 年至 1984 年為例，1979 年結婚率為 7.94，1980 年為 9.13，1981 年為 12.78，1982 年為 12.82，1983 年為 12.33，1984 年為 13.15。

　　根據第三、第四次人口普查的資料，江西省未婚人口，在所有的年齡組中，男性均多於女性。未婚人口的城鄉差別與地區差別不明顯，市、鎮、縣未婚人口占總人口比重分別為 27.30%、26.84%、26.23%。未婚人口比重最高的地區是新余市的 28.01%，最低是撫州的 24.95%。

　　1990 年，江西省在 15 歲以上人口中，有配偶人口共 1311.74 萬人，占 15 歲以上總人口的 64.59%，其中，男性 656.55 萬人，占 15 歲以上男性人口的 62.79%，女性所占比重為 66.50%。有配偶人口的城鄉分佈，市、鎮、縣人口有偶率分別

為 66.85%、68.11%、66.66%。地區人口有偶率以鷹潭最高，為 68.66%，最低的吉安為 65.31%。1990 年，江西省在 15 歲以上人口中，喪偶人口共 159.04 萬人，占 15 歲以上總人口的 6.18%，其中，男性 46.66 萬人，占 15 歲以上男性人口的 5.08%，女性所占比重為 11.53%。喪偶人口的城鄉分佈，市、鎮、縣人口喪偶率分別為 5.20%、4.43%、6.53%。地區人口喪偶率以贛州為最高，8.94%，最低的新余為 6.28%。

1990 年，江西省有離婚人口 15.30 萬人，占婚齡總人口的 0.59%，其中，男性 12.35 萬人，占離婚人口的 80.72%，女性所占比重為 19.28%。離婚人口的城鄉分佈，城市男女性人口離婚率差別最小，男性離婚率為 0.78%，是女性的 1.5 倍，農村男女離婚率差別最大，男性為 0.98，是女性的 6.53 倍。地區人口離婚率以景德鎮最高，為 1.26%，最低的吉安為 0.52%。再婚是指已婚男婦在離婚或喪偶之後再次結婚。江西省人口的再婚率在不同年份、不同年齡、不同性別等方面各不相同。以 1978 年至 1981 年為例，1978 年再婚人口占當年結婚人口的 5.19%，1979 年為 11.58%，1980 年為 8.41%，1981 年為 8.61%。由於江西省的男性多於女性，因此總體來看女性再婚率要高於男性。

江西省第三、第四次人口普查未婚人口狀況（單位：%）

年齡組（歲）	男占同齡人口比		女占同齡人口比	
	1982 年	1990 年	1982 年	1990 年
總計	31.90	30.76	22.36	21.84
15～19	99.13	98.61	92.47	93.07
20～24	68.04	61.23	31.23	31.83

年齡組（歲）	男占同齡人口比		女占同齡人口比	
	1982 年	1990 年	1982 年	1990 年
25～29	19.27	15.37	2.69	2.87
30～34	6.07	4.91	0.34	0.33
35～39	4.14	3.44	0.14	0.14
40～44	3.20	3.09	0.07	0.12
45～49	2.65	2.77	0.06	0.07
50～54	1.55	2.42	0.07	0.06
55～59	1.55	2.06	0.07	0.06
60 以上	1.00	I.10	0.07	0.08

江西省第三、第四次人口普查有配偶人口狀況（單位：%）

年齡組（歲）	男占同齡人口比		女占同齡人口比	
	1982 年	1990 年	1982 年	1990 年
總計	62.79	64.79	66.50	68.91
15～19	0.87	I.39	7.51	6.91
20～24	31.75	38.55	68.57	67.95
25～29	79.75	83.81	96.86	96.62
30～34	92.01	93.58	98.84	98.81
35～39	92.98	94.33	98.17	98.32
40～44	92.40	93.61	96.37	96.70
45～49	90.82	92.46	92.67	93.85
50～54	87.58	90.40	81.05	88.39
55～59	87.58	87.33	81.05	79.82
60 以上	73.14	74.42	38.95	44.00

江西省第三、第四次人口普查喪偶人口狀況（單位：％）

年齡組（歲）	男占同齡人口比		女占同齡人口比	
	1982 年	1990 年	1982 年	1990 年
總計	4.08	5.08	10.91	11.53
15～19	0.00	0.18	0.00	0.07
20～24	0.06	0.20	0.07	0.11
25～29	0.32	0.33	0.23	0.22
30～34	0.72	0.66	0.58	0.54
35～39	1.28	1.05	1.45	1.19
40～44	2.38	1.80	3.31	2.84
45～49	3.97	3.04	6.96	5.78
50～54	7.98	5.29	18.43	11.27
55～59	7.98	8.40	18.43	19.82
60 以上	23.85	22.91	60.59	55.65

江西省第三、第四次人口普查離婚人口狀況（單位：％）

年齡組（歲）	男占同齡人口比		女占同齡人口比	
	1982 年	1990 年	1982 年	1990 年
總計	1.23	1.35	0.23	0.30
15～19	0.00	0.24	0.02	0.23
20～24	0.15	0.37	0.13	0.21
25～29	0.66	0.63	0.22	0.30
30～34	1.21	0.97	0.24	0.33
35～39	1.61	1.26	0.24	0.35

年齡組 （歲）	男占同齡人口比		女占同齡人口比	
	1982 年	1990 年	1982 年	1990 年
40～44	2.02	1.61	0.25	0.35
45～49	2.56	I.86	0.30	0.29
50～54	2.89	2.07	0.45	0.28
55～59	2.89	2.41	0.45	0.31
60 以上	2.02	1.84	0.38	0.32

二、家庭

家庭是最基本的社會生活組織單位。家庭狀況包括家庭戶數量、規模和類型等方面。

根據江西省歷年的人口統計資料，新中國成立後，除 1954 年至 1983 年，江西省的家庭數量增長慢於人口的增長外，其餘年份，家庭戶數增長都快於人口的增長。家庭戶增長存在地區差異，1953 年至 1964 年，南昌戶數增長最快，為 22.45%，撫州最低，出現了負增長，為－15.93%。1964 年至 1982 年，增長最快的仍是南昌，為 52.05%，最慢的是吉安，為 25.79%。1982 年至 1990 年，增長最快的是新余，為 36.69%，最慢的是九江，為 26.48%。

20 世紀 50-70 年代，全省戶均人口數量呈現出由少到多的趨勢。70 年代末至 1990 年，戶均人口數量逐步減少。家庭戶的規模在全省範圍內呈現出一定的地區差別和城鄉差別。以 1990 年第四次人口普查數據為例，1990 年全省戶均人口 4.40 人，家

庭規模最大的是贛州，戶均 4.68 人，最小的是新余，戶均 4.02 人。城鄉差別上，城鎮家庭規模要普遍小於農村家庭。

　　江西省的家庭戶類型表現出單身戶減少，一對夫婦戶增加，二代戶增加，三代戶減少，一代戶及其親屬、非親屬的家庭減少，二代戶及其親屬、非親屬的家庭和三代以上戶及其親屬、非親屬的家庭減少的趨勢。

江西省總戶數、總人口數分年度發展情況

年	總戶數（戶）	總人口（萬人）	與上一年度比		年	總戶數（戶）	總人口（萬人）	與上一年度比	
			總戶數增長（％）	總人口增長（％）				總戶數增長（％）	總人口增長（％）
1949	318.07	1314.04			1970	544.40	2584.51	2.30	3.19
1950	374.68	1568.12	17.80	19.34	1971	548.63	2652.31	0.78	2.62
1951	414.29	1643.91	10.57	4.83	1972	555.53	2723.01	1.26	2.67
1952	426.56	1655.69	2.96	0.72	1973	563.32	2810.46	1.40	3.21
1953	445.01	1695.25	4.33	2.39	1974	572.80	2888.29	1.68	2.77
1954	446.69	1729.74	0.38	2.03	1975	581.96	2968.53	1.60	2.78
1955	453.23	1763.38	I.46	I.94	1976	595.48	3048.21	2.32	2.68
1956	453.31	1799.97	0.02	2.07	1977	605.60	3118.00	1.70	2.29
1957	462.56	1851.45	2.04	2.86	1978	615.39	3182.82	1.62	2.08
1958	457.28	1912.89	−1.14	3.32	1979	623.30	3228.98	1.29	1.45
1959	466.92	1975.97	2.11	3.30	1980	636.42	3270.20	2.10	1.28
1960	471.49	2009.85	0.98	1.71	1981	650.20	3303.92	2.17	1.03
1961	484.51	2022.67	2.76	0.64	1982	658.50	3348.35	1.28	1.34
1962	487.29	2039.91	0.57	0.85	1983	664.49	3394.50	0.91	1.07
1963	488.26	2101.03	0.20	3.00	1984	685.18	3457.89	3.11	1.07
1964	487.01	2143.63	−0.26	2.03	1985	698.61	3509.80	1.96	1.16

續上表

年	總戶數（戶）	總人口（萬人）	與上一年度比 總戶數增長（％）	與上一年度比 總人口增長（％）	年	總戶數（戶）	總人口（萬人）	與上一年度比 總戶數增長（％）	與上一年度比 總人口增長（％）
1965	490.13	2209.54	0.64	3.07	1986	726.61	3575.76	4.01	I.42
1966	495.33	2283.65	1.06	3.35	1987	756.22	3632.31	4.08	1.41
1967	499.77	2354.36	0.90	3.10	1988	785.76	3683.88	3.91	2.09
1968	515.85	2418.16	3.22	2.71	1989	818.58	3746.22	4.18	1.70
1969	532.17	2504.73	3.16	3.58	1990	852.46	3810.64	4.14	1.05

江西省第三、第四次人口普查各地家庭戶規模構成（單位：％）

行政區劃	1982 年			1990 年		
	1～3 人戶	4～7 人戶	7 人以上戶	1～3 人戶	4～7 人戶	7 人以上戶
全省	27.58	48.35	24.07	30.11	58.93	10.97
南昌	30.60	44.65	19.76	35.43	55.30	9.27
景德鎮	34.76	46.91	18.31	36.78	54.20	8.89
萍鄉	24.08	51.58	24.34	25.55	63.23	11.22
九江	29.35	49.52	21.12	31.37	58.87	9.75
贛州	22.61	47.93	29.46	25.40	59.89	14.72
宜春	31.66	46.50	21.84	33.05	57.95	9.02
上饒	26.02	49.30	24.69	28.17	60.78	11.05
吉安	26.40	45.67	27.92	28.18	58.48	13.35
撫州	27.09	48.07	23.84	28.66	61.07	10.28
鷹潭	28.03	51.23	20.74	34.29	58.16	7.53
新余	31.51	48.61	19.84	37 15	57.13	5.72

江西省第三、第四次人口普查各地家庭戶規模構成（單位：%）

行政區劃	單身戶		一對夫婦戶		二代以上戶		三代以上戶		其他	
	1982	1990	1982	1990	1982	1990	1982	1990	1982	1990
全省	7.33	3.66	3.62	4.67	61.64	66.66	21.84	19.51	5.58	5.50
南昌	7.62	3.57	3.51	5.54	62.18	64.65	20.74	20.13	5.95	6.13
景德鎮	10.17	4.27	4.41	5.51	63.83	68.82	16.85	15.69	4.72	5.71
萍鄉	5.90	2.75	2.81	3.62	61.46	67.29	23.19	21.24	6.64	5.10
九江	8.33	3.98	3.65	4.82	60.78	66.23	21.65	19.26	5.58	5.71
贛州	4.98	2.93	2.88	3.65	58.33	63.00	27.38	24.41	6.42	6.03
宜春	9.21	4.81	4.60	5.40	60.84	67.25	19.77	17.33	5.59	5.22
上饒	6.80	3.68	3.49	4.30	64.27	69.14	20.54	17.98	4.89	4.90
吉安	6.92	3.71	3.72	4.55	59.95	66.55	23.32	19.71	6.09	5.49
撫州	8.40	3.27	3.29	4.60	62.77	67.75	20.58	18.94	4.96	5.42
鷹潭	7.67	3.72	3.55	5.44	65.27	69.17	19.06	16.56	4.45	5.10
新余	7.14	3.44	5.35	6.07	70.80	73.53	13.24	12.35	3.39	4.62

第三節 ▶ 勞動人口

一、勞動適齡人口

　　建國以來，伴隨著人口總數的快速增長，江西省的勞動適齡人口數量也在快速增長。勞動適齡人口的性別比，男性比重高，女性比重低一直是一個基本趨勢，但女性勞動適齡人口的平均增長速度要高於男性。江西省勞動適齡人口的年齡構成以青年人口

為主體，並逐年呈上升趨勢。

　　江西省勞動適齡人口的城鄉分佈，1982 年第三次人口普查時，市、鎮、縣勞動適齡人口占總勞動適齡人口的比重分別為 14.46%、7.83%、77.71%，1990 年第四次人口普查時，市、鎮、縣勞動適齡人口占總勞動適齡人口的比重分別為 25.22%、17.17%、57.61%。呈現出城鎮勞動適齡人口數量增長明顯快於縣勞動適齡人口數量增長的變化。

　　江西省勞動適齡人口的地區分佈和人口總數的地區分佈狀況基本上一致。

江西省若干年份勞動適齡人口數量變化情況

年	總人口數（萬人）	勞動適齡人口數（萬人）	勞動適齡人口占總人口比重（％）	總人口年均遞增（％）	勞動適齡人口年均遞增（％）
1953	1677.29	916.87	54.66		
1964	2106.80	1045.96	49.65	2.09	1.20
1982	3318.55	1660.90	50.05	2.56	2.6
1990	3771.02	2130.82	56.51	I.61	3.16

江西省若干年份勞動適齡人口性別構成

年	男（萬人）	占勞動適齡人口比重（％）	女（萬人）	占勞動適齡人口比重（％）	性別比（女＝100）
1953	486.41	53.05	430.46	46.95	112.99
1964	570.90	54.58	475.06	45.42	120.17
1982	895.56	53.92	765.34	46.08	117.01
1990	1138.95	53.45	991.87	46.55	114.83

1990 年第四次人口普查江西省勞動適齡人口分年齡性別比

年齡組（歲）	男（萬人）	女（萬人）	性別比（女＝100）
16～19	184.01	171.17	107.50
20～24	214.36	203.27	105.46
25～29	166.19	155.64	106.78
30～34	138.90	127.41	109.02
35～39	128.99	118.92	108.48
40～44	98.25	87.40	112.41
45～49	73.48	64.03	114.76
50～54	73.22	64.04	114.34
55～59	61.54		

江西省若干年份勞動適齡人口年齡構成變化（單位：人、%）

年齡組（歲）	1953 年		1964 年		1982 年		1990 年	
	人口	比重	人口	比重	人口	比重	人口	比重
16～19	1201850	13.11	1403970	13.42	3172706	19.10	3551733	16.67
20～24	1258952	13.73	1464887	14.01	2515544	15.15	4176307	19.60
25～29	1306969	14.25	1548249	14.81	2697920	16.24	3218272	15.10
30～34	1240708	13.53	1310693	12.53	2159786	13.00	2663136	12.50
35～39	1170254	12.76	1279223	12.53	1538146	9.26	2478043	11.64
40－44	1003623	10.95	1196187	11.44	1437345	8.65	1856534	8.71
45～49	924020	10.08	1035070	9.90	1386149	8.35	1375097	6.45
50～54	745426	8.13	873242	8.35	1150104	6.93	1372675	6.44
55～59	316937	3.46	346055	3.31	551261	3.32	615367	2.89
合計	9168739	100	10458576	100	16608961	100	21308164	100

1990 年第四次人口普查江西省勞動適齡人口地區分佈
（單位：％、人／平方公里）

區劃	勞動人口比重	占總人口的比重	勞動人口密度	人口密度	區劃	勞動人口比重	占總人口的比重	勞動人口密度	人口密度
南昌	10.94	10.03	315	511	贛州	19.4	18.77	105	179
景德鎮	3.82	3.56	155	256	宜春	12.88	12.36	147	249
萍鄉	3.84	3.68	296	502	上饒	15.83	15.37	148	254
九江	11.13	10.78	126	215	吉安	11.62	11.59	94	165
新余	2.86	2.58	193	307	撫州	9.1	8.78	103	176
鷹潭	1.92	2.50	160	265					

二、在業人口

　　新中國成立後，江西省的在業人口數量增長較快。根據 1991 年的《江西統計年鑑》，江西省的在業人口從 1952 年的 682.2 萬人增加到 1990 年的 1816.5 萬人，年均增加 29.85 萬人，年均增長率 2.61%。

　　1990 年，江西省在業人口的城鄉分佈，市、鎮、縣的在業人口分別為 286.74 萬人、122.75 萬人、1634.97 萬人，各占全省在業人口總數的 14.03%、6.00%、79.97%。全省在業人口的地區分佈，1982 年和 1990 年兩次人口普查，在業人口數量最多的一直是贛州，最少的一直是鷹潭。

江西省 1982 年和 1990 年在業人口地區分佈

區劃	在業人口（萬人）		占全省在業人口的比重（％）		區劃	在業人口（萬人）		占全省在業人口的比重（％）	
	1982 年	1990 年	1982 年	1990 年		1982 年	1990 年	1982 年	1990 年
南呂	158.79	205.27	10.20	10.04	贛州	297.55	398.29	19.13	19.48
景德鎮	50.17	66.56	3.23	3.26	宜春	201.49	256.39	12.95	12.54
萍鄉	57.11	71.83	3.67	3.51	上饒	217.60	301.78	13.99	14.76
九江	176.06	219.34	11.32	10.73	吉安	183.61	237.45	11.8	11.61
新余	42.39	56.21	2.73	2.75	撫州	134.78	179.51	8.66	8.78
鷹潭	35.97	51.85	2.31	2.54					

　　江西省在業人口的行業構成在新中國成立後總體表現為，從事第一產業的在業人口占總在業人口的比重逐漸縮小，而從事第二、三產業的在業人口占總在業人口的比重逐步增加。

江西省部分年份年末在業人口三大產業分佈情況

年	合計（萬人）	人數（萬人）			比重（％）		
		第一產業	第二產業	第三產業	第一產業	第二產業	第三產業
1952	682.2	600.4	36.9	44.9	88.0	5.4	6.6
1957	789.8	706.7	40.3	42.8	89.5	5.I	5.4
1962	895.3	765.8	63.5	66.0	85.5	7.I	7.4
1965	923.7	784.9	65.6	73.2	85.5	7.l	7.4
1970	1057.3	859.4	114.8	83.1	81.3	10.9	7.8
1975	1191.8	854.9	134.0	102.9	80.1	11.2	8.7
1978	1254.3	968.7	163.4	122.2	77.2	13.0	9.8
1980	1356.3	1053.8	166.9	135.6	77.7	12.3	10.0
1985	1584.8	1057.2	320.5	207.I	66.7	20.2	13.5
1988	1723.0	1111.6	368.1	243.3	64.5	21.4	14.1
1990	1816.5	1193.1	368.6	254.8	65.7	20.3	14.0

1982 年和 1990 年江西省在業人口職業分佈（單位：人）

職業	在業人數（萬人）		占在業人口的比重（％）	
	1982 年	1990 年	1982 年	1990 年
總計	1536.02	2044.48	100	100
各類專業技術人員	77.11	100.05	4.95	4.89
國家機關、黨群組織、企事業單位負責人	22.88	29.52	1.47	1.44
辦事人員和有關人員	18.26	29.20	I.17	I.42
商業工作人員	24.51	51.05	I.58	2.49
服務性工作人員	31.87	40.03	2.05	1.96
農、林、牧、漁勞動者	1139.79	1513.37	73.23	74.02
生產工人、運輸工人和有關人員	241.28	280.38	15.5	13.77
其他	0.8	0.88	0.05	0.44

1990 年江西省各種職業在業人員的行業構成（單位：％）

行業	各類專業技術人員	國家機關、黨群組織、企事業單位負責人	辦事人員和有關人員	商業工作人員	服務性工作人員	農、林、牧、漁勞動者	生產工人、運輸工人和有關人員	其他
農、林、牧、漁、水利業	5.II	12.8	3.03	4.86	4.96	99.75	24.43	1.3
工業	16.6	27.98	26.22	14.8	20.33	0.14	56.6	55.03
地質普查和勘探業	0.85	0.65	0.72	0.1	0.5	0.007	0.56	0.5
建築業	I.43	2.52	2.25	0.6	I.67	0.0007	5.8	4.2
交通運輸、郵電通訊業	1.94	2.99	2.99	0.77	4.45	0.0008	6.9	4.02

續上表

行業	各類專業技術人員	國家機關、黨群組織、企事業單位負責人	辦事人員和有關人員	商業工作人員	服務性工作人員	農、林、牧、漁勞動者	生產工人、運輸工人和有關人員	其他
商業、公共飲食業、物資供銷和倉儲業	5.36	12.34	12.34	76.32	14.8	0.024	2.93	4.5
房地產管理、公用事業、居民服務和諮詢服務業	1.04	1.59	1.59	0.5	16.76	0.002	0.64	0.06
衛生、體育和社會福利事業	12.28	2.39	2.39	0.14	2.69	0.004	0.17	0.81
教育、文化藝術和廣播電視事業	38.10	8.4	8.4	0.25	5.43	0.005	0.55	1.10
科學研究和綜合服務 事業	10.26	24.47	24.47	1.37	3.54	0.014	1.11	25.65
金融保險業	I.09	0.89	0.89	0.09	0.30	0.04	0.2	0.72
國家機關、黨政機關和社會團體	4.97	2.1	2.1	0.04	0.40	0	0.05	0.4
其他行業	0.06	0.8	0.8	0.01	0.08	0	0	0.6

　　江西省在業人口中男性要多於女性，但女性的比重在逐年上升。

1982 年和 1990 年江西省在業人口各年齡組
的性別構成（單位：萬人、女性＝100）

年齡組（歲）	1982 年			1990 年		
	男性人數	女性人數	性別比	男性人數	女性人數	性別比
總計	878.57	657.45	133.63	1126.4435	918.0341	122.70
15～19	141.63	150.07	94.38	151.0171	167.0708	90.39
20～24	124.35	110.08	112.96	198.3320	185.5591	106.88
25～29	137.99	114.74	120.26	163.0263	143.0436	113.97
30～34	121.10	89.38	125.42	137.2595	117.8214	116.50
35～39	81.04	61.51	131.75	127.6448	109.5296	116.54
40～44	77.03	51.80	148.71	97.0124	77.5082	125.16
45～49	72.35	41.66	173.67	72.0878	50.9497	141.49
50～54	56.26	22.45	250.60	68.6741	36.9426	185.89
55～59	46.42	11.78	394.06	51.3192	18.9534	270.77
60 以上	29.38	3.98	738.19	60.0703	10.6557	563.74

1982 年和 1990 年江西省各行業人口性別構成
（單位：萬人、女性＝100）

行業	1982 年			1990 年		
	男性人數	女性人數	性別比	男性人數	女性人數	性別比
總計	897.1	659.1	136.09	1126.48	918.04	122.70
農、林、牧、漁、水利業	621.35	536.63	115.79	847.83	746.38	113.59
工業	139.00	65.54	212.08	125.09	86.79	144.00
地質普查和勘探業	2.84	0.89	319.10	2.35	0.80	293.75
建築業	32.17	4.54	708.59	16.82	4.38	384.02

續上表

行業	1982 年			1990 年		
	男性人數	女性人數	性別比	男性人數	女性人數	性別比
交通運輸、郵電通訊業	17.18	6.08	292.43	21.75	5.88	369.90
商業公共飲食業、物資供銷和倉儲業	22.80	18.20	125.27	33.71	32.38	104.11
房地產管理、公用事業、居民服務和諮詢服務業	5.04	2.73	184.62	7.17	5.99	119.70
衛生、體育和社會福利事業	7.29	5.82	125.26	7.79	7.54	103.32
教育、文化藝術和廣播電視事業	25.52	11.68	218.49	29.87	16.56	180.37
科學研究和綜合服務事業	1.88	1.10	170.91	1.86	1.09	170.64
金融、保險業	2.22	1.05	211.43	3.90	2.65	147.17
國家機關、黨政機關和社會團體	18.95	4.74	399.79	28.00	7.42	377.36
其他行業	0.26	0.21	123.81	0.34	0.18	188.89

　　根據 1982 年和 1990 年第三、第四次人口普查的資料，江西省在業人口的年齡重心在不斷增大，但在不同的行業存在差異。

1982 年和 1990 年江西在業人口年齡構成

職業	在業人數（萬人）		占在業人口的比重（％）	
	1982 年	1990 年	1982 年	1990 年
總計	1536.02	2044.48	100	100
15～19	291.70	318.09	18.99	15.56

續上表

職業	在業人數（萬人）		占在業人口的比重（％）	
	1982 年	1990 年	1982 年	1990 年
20～24	234.43	383.89	15.26	18.78
25～29	252.73	306.07	16.45	14.97
30～34	201.48	225.08	13.12	12.48
35～39	142.55	237.17	9.28	11.60
40～44	128.83	174.52	8.39	8.54
45～49	114.01	123.04	7.42	6.02
50～54	78.71	105.62	5.12	5.17
55～59	58.20	70.27	3.79	3.44
60 以上	33.36	70.72	2.17	3.46

江西省 1982 年和 1990 年各職業人口性別年齡構成

職業	年齡構成（萬人）						性別構成（％）			
	15～34 歲		男 35～59 歲 女 35～54 歲		男 60 歲、 女 55 歲以上		男		女	
	1982	1990	1982	1990	1982	1990	1982	1990	1982	1990
總計	980.35	1263.13	510.23	691.65	65.63	89.682	57.65	55.10	42.35	44.90
各類專業技術人員	43.97	55.94	31.76	42.39	1.38	1.72	64.70	59.62	35.30	40.38
國家機關、黨群組織、企事業單位負責人	3.46	5.70	18.79	22.98	0.63	0.84	91.51	91.60	8.49	8.40
辦事人員和有關人員	9.52	15.15	8.50	13.55	0.24	0.50	78.01	76.67	21.99	23.33

續上表

職業	年齡構成（萬人）						性別構成（％）			
	15～34 歲		男35～59歲 女35～54歲		男60歲、 女55歲以上		男		女	
	1982	1990	1982	1990	1982	1990	1982	1990	1982	1990
商業工作人員	15.83	30.30	7.56	18.71	I.II	2.04	51.67	50.21	48.33	49.79
服務性工作人員	16.04	20.61	13.14	16.95	2.70	2.46	50.82	47.58	49.18	52.42
農、林、牧、漁勞動者	721.61	945.73	363.43	488.39	54.75	79.25	53.42	51.41	46.58	48.59
生產工人、運輸工人和有關人員	169.32	188.92	67.18	88.58	4.78	2.87	72.12	69.22	27.88	30.78
其他	0.60	0.78	0.17	0.10	0.04	0.002	59.80	63.52	40.20	36.48

江西省 1990 年各行業人口年齡構成

行業	人數（萬人）			年齡構成（％）		
	15～34歲	男35～59歲 女35～54歲	男60歲 女55歲以上	15～34歲	男35～59歲 女35～54歲	男60歲 女55歲以上
總計	1263.13	691.68	89.80	61.78	33.83	4.39
衣、林、牧、漁、水利業	1004.47	508.78	80.95	63.01	31.19	5.81
工業	126.64	83.02	2.24	59.77	39.18	1.06
地質普查和勘探業	1.73	1.41	0.15	54.89	44.64	0.49
建築業	12.11	8.81	0.28	57.13	41.56	1.31

續上表

交通運輸、郵電通訊業	15.59	11.72	0.32	56.42	42.42	1.16
商業公共飲食業、物資供銷和倉儲業	38.00	25.44	2.61	57.54	38.49	3.95
房地產管理、公用事業、居民服務和諮詢服務業	8.35	4.31	0.49	63.49	32.78	3.72
衛生體育和社會福利事業	7.78	7.01	0.54	50.76	45.72	3.52
教育、文化藝術和廣播電視事業	24.88	20.63	0.91	53.59	44.43	1.97
科學研究和綜合服務事業	1.49	1.41	0.05	50.56	47.71	1.72
金融、保險業	4.58	1.85	0.13	69.91	28.03	2.05
國家機關、黨政機關和社會團體	17.33	17.02	1.07	48.93	48.06	3.01
其他行業	0.18	0.27	0.06	34.49	52.29	13.22

　　建國後，江西省在業人口的文化水平和技術水平有了很大的提高，但總體水平仍很低。

江西省 1982 年和 1990 年各行業在業人口的文化構成（單位：%）

行業	大學（含肆業）		高中（含中專）		初中		小學		文盲、半文盲	
	1982	1990	1982	1990	1982	1990	1982	1990	1982	1990
農、林牧、漁、水利業	0.04	0.04	4.35	4.19	15.56	21.93	45.60	51.32	34.49	22.52

續上表

工業	1.55	3.30	17.43	24.85	34.76	43.48	38.40	24.70	7.86	3.67
地質普查和勘探業	7.05	11.72	33.55	42.15	30.33	33.18	26.30	11.94	2.68	1.01
建築業	1.05	4.44	13.73	21.62	34.71	41.86	43.62	28.29	6.89	3.79
交通運輸、郵電通訊業	0.87	1.95	18.79	26.99	33.29	41.54	35.81	25.02	11.24	4.50
商業、公共飲食業、物資供銷和倉儲業	0.57	1.70	23.61	26.77	39.68	42.53	30.14	24.07	6.00	4.93
房地產管理、公用事業、居民服務和諮詢服務業	0.37	1.98	13.77	21.31	28.58	43.05	41.58	25.21	15.70	5.45
衛生、體育和社會福利事業	1982 9.15	1990 14.91	1982 41.12	1990 48.49	1982 31.20	1990 25.27	1982 15.56	1990 9.45	1982 2.97	1990 1.88
教育、文化藝術和廣播電視事業	10.29	20.44	52.75	52.35	28.68	21.56	6.64	4.52	1.64	1.12
科學研究和綜合服務事業	15.13	26.29	26.17	32.37	25.83	24.47	23.15	13.09	9.72	3.76
金融保險業	1.77	9.78	49.42	55.30	35.39	29.38	12.20	4.88	1.22	0.66
國家機關、黨政機關和社會團體	6.60	16.20	32.43	45.66	38.21	28.40	18.96	8.51	3.80	1.23
其他行業	2.70	1.35	19.16	21.88	27.68	37.22	34.06	30.16	16.31	9.39

江西省1982年和1990年各類職業在業人口
的文化構成（單位：%）

行業	大學 （含姅業）		高中 （含中專）		初中		小學		文盲、 半文盲	
	1982	1990	1982	1990	1982	1990	1982	1990	1982	1990
總計	0.76	1.45	9.17	10.10	20.40	25.61	42.28	44.53	27.39	18.30
各類專業 技術人員	11.56	18.86	47.25	51.84	31.44	24.56	9.30	4.47	0.45	0.22
國家機關、黨 群組織、企事 業單位負責人	6.08	18.03	23.43	35.92	39.55	32.48	29.02	12.95	1.92	0.59
辦事人員和 有關人員	4.39	11.03	34.50	44.11	40.74	33.25	19.49	10.82	0.88	0.78
商業工作人員	0.31	0.97	24.32	25.14	41.22	44.24	29.91	24.90	4.24	4.73
服務性工作 人員	0.11	0.23	11.55	14.62	26.30	36.66	43.34	37.07	18.70	11.33
農、林、牧、 漁勞動者	0.02	0.011	4.09	3.87	15.25	20.97	45.74	51.6	34.90	23.47
生產工人、 運輸工人和 有關人員	0.14	1.38	15.80	19.02	34.89	44.49	40.66	31.83	8.51	4.12
其他	6.08	6.03	32.14	37.30	37.08	44.02	19.78	11.15	4.20	1.49

三、不在業人口

不在業人口主要是指年滿十五週歲的在校學生、家務勞動者、待升學學生、市鎮待業人員、退休退職人員等未參加社會經濟活動的人口。

　　從一九八二年和一九九〇年人口普查的數據來看，江西省的不在業人口總體來看以女性居多，不在業人口的文化素質相對較低。不在業人口中，扣除喪失勞動能力人員、退休人員和在校學生，可供開發利用的潛在勞動力資源占不在業人口的一半以上。

1990 年江西省不在業人口狀況

項目		總計	在校學生	家務勞動	待升學	市鎮待業	離退休、退職	喪失勞動力	其他
不在業人口（萬人）	合計	527.87	116.01	218.53	7.29	24.45	56.50	89.08	15.99
	男	199.43	78.34	16.11	4.70	11.30	37.70	40.37	10.90
	女	328.42	37.67	202.42	2.59	13.15	18.80	48.71	5.09
占不在業人口（%）	合計	100	21.98	41.4	1.38	4.63	10.70	16.88	3.03
	男	100	39.28	8.08	2.35	5.67	18.91	20.24	5.47
	女	100	11.47	61.64	0.79	4.00	5.73	14.83	1.54
不在業人口文化構成（%）	大學	1.46	5.32	0.01	0.01	0.21	0.36	0.06	0.40
	中專	1.87	6.24	0.09	0.03	0.33	3.76	0.10	0.74
	高中	9.71	29.58	1.20	34.34	26.77	6.13	0.62	7.71
	初中	20.72	51.32	5.74	57.81	60.03	19.72	2.62	30.97
	小學	19.76	7.54	21.66	7.81	11.49	41.89	17.54	34.72
	文盲半文盲	46.48	0	71.30	0	1.17	26.14	79.06	25.46

江西省 1982 年和 1990 年市鎮待業人口的年齡、性別構成

年齡組（歲）	1982 年市鎮待業人口（人）			1982 年性別構成（%）		1990 年市鎮待業人口（人）			1990 年性別構成（%）	
	合計	男	女	男	女	合計	男	女	男	女
總計	122172	53369	68803	43.68	56.32	244539	113029	131510	46.22	53.78

續上表

年齡組（歲）	1982 年市鎮待業人口（人）			1982 年性別構成（%）		1990 年市鎮待業人口（人）			1990 年性別構成（%）	
	合計	男	女	男	女	合計	男	女	男	女
15〜19	87638	39097	48541	44.61	55.39	131856	63412	68444	48.09	51.91
20〜24	22469	8626	13843	38.39	61.61	79600	36881	42719	46.33	53.67
25〜29	7984	3621	4363	45.35	54.65	20119	7653	12466	38.04	61.96
30〜34	2994	1400	1594	46.76	53.24	7356	2842	4514	38.64	61.36
35〜39	872	494	378	56.65	43.35	3780	1435	2345	37.96	62.04
40〜44	215	131	84	52.19	47.81	1546	524	1022	33.89	66.11
45〜49						282	282		100	

江西省 1982 年和 1990 年市鎮待業人口文化構成

項目		大學	高中（包括中專）	初中	小學	文盲半文盲	合計
待業人數（人）	1982 年	36	33384	61392	24776	2584	122172
	1990 年	516	66289	146799	28087	2848	244539
比例（%）	1982 年	0.03	27.32	50.25	20.28	2.12	100
	1990 年	0.21	27.I	60.03	11.49	1.17	100

民族和宗教信仰

江西省是一個以漢族人口為主的多民族和多種宗教信仰和睦相處的省。

第一節 ▶ 人口的民族結構

1953 年第一次人口普查，江西省有 13 個民族，除漢族外，還有回族、蒙古族、滿族、苗族、畲族、藏族、壯族、瑤族、彝族、維吾爾族、朝鮮族、毛南族。12 個少數民族人口總量為 3647 人，其中畲族 1648 人、回族 1616 人、滿族 165 人、瑤族 60 人、苗族 43 人、蒙古族 42 人、藏族 30 人、朝鮮族 17 人、壯族 16 人、彝族 6 人、維吾爾族 3 人、毛南族 1 人。另有加入中國籍的日本人 2 人。

1964 年第二次人口普查，江西省有 35 個民族，比 1953 年增加了納西族 6 人、布依族 21 人、傣族 3 人、白族 37 人、侗族 6 人、達斡爾族 1 人、土族 20 人、土家族 16 人、仫佬族 3 人、水族 1 人、高山族 13 人、拉祜族 1 人、黎族 9 人、傈僳族 1 人、京族 1 人、門巴族 1 人、錫伯族 1 人、哈尼族 1 人、客族 1 人、蛋族 2 人、旗族 1 人、懷族 1 人。另有民族不詳的 124 人和加入中國籍的外國人 32 人。除漢族外的人口總量為 9460 人，占

全省總人口的 0.04%。

1982 年第三次人口普查，江西省有 38 個民族，另有民族不詳的 67 人和加入中國籍的外國人 15 人。除漢族外的人口總量為 22134 人，占全省總人口的 0.07%。

1990 年第四次人口普查，江西省有 44 個民族，另有民族不詳的 126 人和加入中國籍的外國人 18 人。除漢族外的人口總量為是 101288 人，占全省總人口的 0.27%。

2000 年第五次人口普查，江西省漢族人口為 4128.52 萬人，占 99.73%；各少數民族人口為 11.28 萬人，占 0.27%。與 1990 年第四次全國人口普查相比，漢族人口增加了 367.53 萬人，增長了 9.77%；各少數民族人口增加了 1.24 萬人，增長了 12.39%。

2010 年第六次人口普查，全省常住人口中，漢族人口為 44415064 人，占總人口的 99.66%；各少數民族人口為 152411 人，占總人口的 0.34%。同 2000 年第五次全國人口普查相比，漢族人口增加了 3129811 人，增長了 7.58%，占總人口比重減少了 0.07 個百分點；各少數民族人口增加了 39649 人，增長了 35.16%，占總人口比重增加了 0.07 個百分點。

江西省從 1953 年到 1990 年，少數民族人口增長速度遠高於漢族人口增長速度。究其原因，首先是政府對少數民族的優撫政策，少數民族生產、生活和衛生條件的改善，降低了死亡率；其次是對少數民族實行較為寬鬆的生育政策，少數民族的出生率高於漢族的出生率；再其次是由於少數民族的社會、經濟地位的提高，不少隱瞞其真實民族成分的人恢復了其原來的民族成分，少

數民族與漢族通婚的子女也申報成少數民族；最後是遷入人口中的少數民族。

江西省 1982 年及 1990 年少數民族人口數（單位：人）

民族	1982 年	1990 年	民族	1982 年	1990 年	民族	1982 年	1990 年
總計	22134	101288	高山族	44	66	景頗族	1	5
畬族	7411	77210	錫伯族	14	63	拉祜族	2	4
回族	7954	9555	水族	34	61	俄羅斯族	1	3
滿族	1864	4185	俸族	31	54	德昂族		2
壯族	1908	2868	京族	3	43	獨龍族	3	2
苗族	710	1433	毛南族	20	37	普米族		2
蒙古族	456	1199	羌族	9	34	哈薩克族		2
瑤族	552	1016	土族	11	30	佤族		2
土家族	123	833	仡佬族	3	28	東鄉族		1
侗族	305	819	納西族	15	26	布朗族	1	1
藏族	39	397	仫佬族	8	22	珞巴族		1
白族	95	263	哈尼族	10	22	基諾族	1	1
彝族	82	259	維吾爾族	7	20	裕固族	3	
布依族	109	233	傈僳族	7	19	未識別民族	67	126
朝鮮族	133	170	達斡爾族	7	13	外國人加入中國籍	15	18
黎族	76	135	門巴族		6			

第二節 ▶ 民族人口的地域分佈

江西省的少數民族人口分佈非常分散，分佈於全省城鄉各

地。少數民族自治單位只有鉛山縣太源畬族自治鄉和貴溪縣樟坪畬族自治鄉，而且，在這兩個畬族自治鄉中，漢族人口還多於畬族人口。江西省各地的少數民族人口數量分佈的差異主要表現在，超過半數，56.37%的少數民族人口分佈在贛州，少數民族人口最少的地市是萍鄉市，只有 0.48%的少數民族人口。全省少數民族人口城鄉分佈情況總體上表現為鄉村大於城市，但各少數民族具體情況又有差異，部分少數民族全部人口居住於城鎮，如哈薩克、拉祜、東鄉、普米、門巴、珞巴、基諾等 7 個民族。回、滿、蒙古、藏、維吾爾、布依、朝鮮、水、納西、景頗、毛南、仡佬、錫伯、俄羅斯等十四個民族人口的大部分居住在城鎮。城鄉人口大至相等的有壯、苗、土家、侗、彝、白、哈尼、土、達斡爾、獨龍等十個民族。大部分人口居住於農村的有畬、瑤、傣、黎、傈僳、高山、仫佬、羌、京等九個民族，而全部人口均居住於鄉村的有佤、布朗、德昂等三個民族。

1990 年人口普查江西省少數民族地區分佈（單位：人、%）

區劃	總計	畬族	回族	滿族	壯族	苗族	蒙古族	瑤族	其他	占全省少數民族人口總數比重	占本地全部人口比重
全省	101288	77210	9555	4185	2868	1433	1199	1016	3822	100	0.27
南昌	6628	322	2643	1231	594	368	308	31	1131	6.54	0.18
景德鎮	1165	43	624	229	48	24	44	51	102	1.15	0.09
萍鄉	486	17	84	82	42	34	29	117	81	0.48	0.04
九江	6637	1127	3871	506	519	154	88	34	338	6.55	0.16
贛州	57098	54866	522	472	453	89	102	351	243	56.37	0.81
宜春	2368	136	369	250	321	264	69	350	609	2.34	0.05

續上表

區劃	總計	畬族	回族	滿族	壯族	苗族	蒙古族	瑤族	其他	占全省少數民族人口總數比重	占本地全部人口比重
上饒	9350	7684	479	363	286	126	117	15	280	9.23	0.31
吉安	10707	9104	402	351	230	88	114	22	396	10.57	0.24
撫州	3311	1928	219	230	243	113	276	25	277	3.27	0.10
鷹潭	2738	1882	166	230	82	127	17	9	225	2.70	0.24
新余	800	IOI	176	241	50	46	35	II	140	0.79	0.08

1990年人口普查江西省少數民族城鄉分佈（單位：人、%）

民族	市人口		鎮人口		縣人口	
	比重	人數	比重	人數	比重	人數
合計	13.94	14119	7.19	7279	78.87	79890
畬族	1.59	1225	3.68	2839	94.73	73146
回族	72.16	6895	13.75	1314	14.09	1326
滿族	61.27	2564	25.57	1070	13.16	550
壯族	28.80	826	19.94	572	51.26	1470
苗族	24.08	345	21.70	311	54.22	777
蒙古族	51.54	618	30.53	366	17.93	215
瑤族	20.28	206	8.86	90	70.86	720
土家族	33.49	279	22.81	190	43.70	364
侗族	22.10	181	25.27	207	52.63	431
其他	45.16	980	14.75	320	40.09	870

第三節 ▶ 民族人口的性別、年齡、婚姻和家庭構成

江西省的少數民族性別比總體要高於漢族，但各少數民族的具體情況存在著較大的差異，特別是一些人數少的民族，由於一些人口遷移等因素往往導致性別比的劇烈變化。

江西省的少數民族的人口年齡構成與全省人口基本相同，但同性別比一樣，各少數民族的人口年齡構成也存在著較大的差異。

江西省各民族人口的婚姻構成中民族特徵並不明顯，少數民族與漢族在未婚人口、有配偶人口、喪偶人口及離婚人口等方面只是輕微差異。

江西省少數民族家庭以漢族與少數民族混合家庭為主要組合形式。1990 年，全省單純少數民族家庭為 3236 戶，而漢族與少數民族混合家庭則為 40175 戶。從家庭規模來看，單純少數民族家庭規模相對較小，而少數民族與漢族混合家庭的規模相對人數多些。少數民族家庭規模與全省家庭規模相比，少數民族家庭規模大於全省平均水平。

第三、第四次人口普查江西省主要
少數民族人口年齡構成（單位：%）

年齡組（歲）	全省少數民族合計		畬族		回族		滿族		壯族	
	1982	1990	1982	1990	1982	1990	1982	1990	1982	1990
0～14	33.03	31.57	42.25	33.59	29.73	27.88	20.44	24.28	25.94	19.46
15～19	12.14	14.49	12.16	13.13	10.33	9.86	8.17	8.17	14.20	9.56

續上表

年齡組（歲）	全省少數民族合計		畬族		回族		滿族		壯族	
	1982	1990	1982	1990	1982	1990	1982	1990	1982	1990
20～24	9.19	11.74	6.87	11.76	8.90	8.12	9.77	9.77	12.89	16.42
25～29	8.40	8.79	7.06	8.07	9.24	9.49	10.92	10.92	9.70	12.80
30～34	6.62	7.22	5.30	6.38	9.05	8.44	4.56	13.62	6.29	12.17
35～39	5.48	6.07	4.20	5.84	7.32	8.24	5.63	7.00	5.45	7.01
40－44	6.04	4.51	4.72	4.26	6.11	6.70	7.78	3.82	7.76	4.99
45～49	5.44	3.73	3.81	3.44	5.56	5.34	8.42	3.44	7.18	4.95
50～54	4.42	3.86	3.35	3.69	4.35	4.65	7.03	4.83	4.56	4.74
55～59	3.05	3.00	2.87	2.77	2.98	3.84	4.61	4.73	2.41	3.52
60～64	2.48	2.57	3.12	2.37	2.50	2.96	1.93	5.50	1.15	1.95
65 以上	3.71	4.45	4.30	4.71	3.92	4.48	2.58	3.92	2.46	2.41

年齡組（歲）	苗族		蒙古族		瑤族		土家族		侗族	
	1982	1990	1982	1990	1982	1990	1982	1990	1982	1990
0～14	31.55	20.38	20.83	24.69	46.01	37.80	34.15	19.21	32.13	25.03
15～19	14.79	11.51	16.45	8.67	11.59	10.24	15.45	13.57	20.33	8.67
20～24	9.01	16.89	16.89	11.01	9.06	11.22	7.32	24.13	8.85	14.16
25～29	6.48	11.24	9.43	15.10	6.70	10.14	5.69	11.64	4.59	13.31
30～34	5.21	7.68	5.26	15.76	6.34	6.59	1.63	7.20	2.62	8.18
35～39	3.66	4.05	2.85	5.00	3.44	6.30	10.57	4.08	3.93	4.52
40－44	7.32	8.58	5.70	2.09	4.17	3.84	13.01	3.84	4.59	6.11
45～49	6.20	6.84	5.70	1.92	3.62	3.35	6.50	4.56	8.52	7.81
50～54	5.92	4.61	10.53	2.59	1.63	3.25	2.44	5.16	4.92	3.66
55～59	3.66	2.86	3.73	4.67	1.27	2.17	2.44	2.88	2.62	3.79
60～64	2.25	2.65	0.66	5.92	2.17	I.38	0	1.68	3.61	2.93
65 以上	3.94	2.72	1.97	2.59	3.99	3.74	0.81	2.04	3.28	1.0

第三次、第四次人口普查江西省主要少數民族人口年齡構成（單位：歲、%）

		合計	畲族	回族	滿族	壯族	苗族	蒙古族	瑤族	土家族	侗族	其他
0～14歲人口比重	1982	33.03	42.25	29.73	20.44	25.94	31.55	20.83	46.01	34.15	32.13	26.44
	1990	31.57	33.59	27.88	24.28	19.46	20.38	24.69	37.80	19.21	25.03	21.52
65歲以上人口比重	2.94　1982	3.71	4.30	3.92	2.51	2.46	3.94	1.97	3.99	0.81	3.28	
	1990	4.45	4.71	4.48	3.92	2.41	2.72	2.59	3.74	2.04	1.83	3.04
老少比	1982	11.23	10.19	13.19	12.60	9.49	12.50	9.47	8.66	2.38	10.20	11.11
	1990	14.01	14.02	16.07	16.14	12.38	13.35	10.49	9.89	10.62	7.31	14.13
年齡中位數	1982	22.63	18.19	25.56	26.59	23.82	22.03	23.77	16.92	20.28	19.40	23.61
	-3.13　1990	22.53	21.40	27.18	28.56	26.77	25.54	26.86	20.88	23.57	25.80	
15～49歲人口比重	1982	53.31	44.12	56.51	63.40	63.47	52.67	62.28	44.92	60.17	53.43	58.64
	1990	54.55	52.88	56.19	56.74	67.93	66.79	59.55	51.68	69.02	62.76	66.93
50歲以上人口比重	1982	13.66	13.64	13.75	16.15	10.58	15.77	16.89	9.06	5.69	14.43	14.93
	1990	13.88	13.54	15.93	18.98	12.62	12.84	15.77	10.54	11.76	12.21	11.56

江西省1990年少數民族15歲以上人口婚姻狀況（單位：%）

民族	未婚			有配偶			喪偶			再婚		
	綜合	男	女	綜合	男	女	綜合	男	女	綜合	男	女
合計	28.84	31.90	25.24	65.46	64.08	67.07	5.07	3.15	7.33	0.63	0.87	0.36
畲族	29.75	32.19	26.76	64.09	63.35	64.99	5.66	3.67	8.08	0.50	0.79	0.16
回族	26.11	28.96	23.02	68.03	67.80	68.28	4.69	2.01	7.58	1.17	1.23	1.12
滿族	25.06	26.67	22.95	71.22	70.59	72.04	2.43	1.45	3.70	1.29	1.29	1.31
壯族	22.99	32.71	15.32	74.37	65.23	81.58	1.99	1.08	2.71	0.65	0.98	0.39
苗族	24.28	32.71	16.75	71.08	64.50	76.95	3.77	1.30	5.97	1.87	1.49	0.33
蒙古族	23.92	26.64	20.26	72.65	71.24	74.54	2.10	1.35	3.12	1.33	0.77	2.08
瑤族	28.01	33.74	21.90	68.20	65.03	71.57	3.48	1.23	5.88	0.31		0.65
土家族	28.97	41.45	18.70	68.80	56.91	78.59	1.93	0.98	2.71	0.30	0.66	
侗族	25.73	29.25	21.50	70.85	68.66	73.48	2.61	1.19	4.30	0.81	0.90	0.72
其他	34.41	45.02	24.92	61.54	52.74	69.41	3.29	1.24	5.12	0.76	1.00	0.55

江西省第四次人口普查少數民族家庭戶規模及結構

家庭戶		合計	1人戶	2人戶	3人戶	4人戶	5人戶	6人戶	7人戶	8人戶	9人戶	10人以上戶
單純少數民族戶	戶	3236	942	583	600	532	342	138	56	23	14	6
	%	100	29.11	18.02	18.54	16.44	10.57	4.26	1.73	0.71	0.43	0.19
與漢族混合戶	戶	40175		2492	7162	9829	8557	5290	3208	1730	935	972
	%	100		6.20	17.83	24.46	21.30	13.17	7.98	4.31	2.83	2.42

第四節 ▶ 民族人口的文化程度、行業和職業構成

從 1982 年第三次、1990 年第四次人口普查資料來看，江西少數民族的文化素質高於漢族。少數民族各類文化程度人口性別分佈上，男性文化程度要高於女性。

江西省 1990 年漢族、少數民族各類文化程度
人口占總人口比重（單位：%）

民族	大學	高中（中專）	初中	小學	文盲、半文盲
漢族	0.99	7.11	18.86	40.7	16.44
少數民族	2.16	9.50	19.57	38.98	13.68

江西省 1990 年少數民族各類文化程度
人口性別分佈（單位：人、%）

性別	大學		高中（中專）		初中		小學	
	人數	比重	人數	比重	人數	比重	人數	比重
男	1589	72.76	6071	63.07	13418	67.69	21036	53.28
女	595	27.24	3555	36.93	6404	32.31	18443	46.72

1982 年和 1990 年江西省少數民族各類文化程度
人口占總人口比重（單位：%）

民族	大學		高中		初中		小學		1982 文盲半文盲占 12 歲以上人口	1990 半文盲占 15 歲以上人口
	1982	1990	1982	1990	1982	1990	1982	1990		
合計	3.04	2.16	14.62	9.50	22.20	19.57	30.93	38.98	18.45	19.99
畲族	0.22	0.46	3.08	5.14	9.11	17.13	38.79	44.12	38.26	24.22
回族	3.96	6.14	20.20	24.24	30.16	30.61	26.56	20.93	8.50	6.66
滿族	7.94	12.38	30.69	32.38	32.56	24.29	19.15	14.58	3.75	2.90
壯族	5.77	6.83	20.39	21.97	27.15	28.45	30.03	26.15	9.59	7.84
苗族	1.83	4.40	11.55	12.70	18.59	23.17	35.63	34.12	25.09	16.83
蒙古族	6.58	9.27	28.51	31.86	30.48	24.52	25.22	16.18	3.91	3.88
瑤族	0.91	2.36	5.43	9.65	13.77	18.50	33.88	39.27	26.87	17.25
土家族	4.07	8.28	16.26	22.69	35.77	25.57	35.77	26.65		7.28
侗族	2.30	3.30	12.46	17.83	18.69	23.20	31.80	31.14	24.79	14.50
其他	2.23	10.88	14.22	16.64	23.27	28.80	24.32	22.72	0.80	13.74

1990 年江西省少數民族人口分年齡
文化程度情況（單位：人、%）

年齡組 （歲）	合計		大學		高中		初中		小學	
	人數	比重	人數	比重	人數	比重	人數	比重	人數	比重
總計	71111	100	2184	3.07	9626	13.54	19822	27.87	39479	55.52
6～9	4643	100							4643	100
10～14	11011	100			33	0.30	2173	19.73	8805	79.97
15～19	11949	100	126	1.05	1700	14.23	4498	37.64	5625	47.08
20～24	10983	100	509	4.63	1643	14.96	3915	35.65	4916	44.76
25～29	8061	100	438	5.43	2051	25.45	2804	34.78	2768	34.34
30～34	6298	100	292	4.64	1858	29.50	1753	27.83	2395	38.03
35～39	4979	100	144	2.89	682	13.70	1577	31.67	2576	51.74
40～44	3674	100	135	3.67	421	11.46	1031	28.06	2087	56.81
45～49	2760	100	147	5.33	429	15.54	691	25.04	1493	54.09
50～54	2401	100	180	7.50	341	14.20	440	18.32	1440	59.98
55～59	1644	100	110	6.69	202	12.29	357	21.71	975	59.31
60～64	1292	100	49	3.79	167	12.93	313	24.23	763	59.05
65 以上	1416	100	54	3.81	99	6.99	270	19.07	993	70.13

　　1990 年第四次人口普查，江西全省在業人口 20444776 人，其中漢族在業人口 20389050 人，少數民族在業人口 55726 人。全省人口在業率為 54.22%，漢族在業率為 54.12%，少數民族在業率為 55.02%。1982 年第三次人口普查，少數民族人口從事第一、二、三產業的比重分別為 37.68%、38.11%、24.21%。1990 年第四次人口普查，少數民族人口從事第一、二、三產業的比重分別為 73.32%、14.32%、12.36%。江西省少數民族在業人口之

間的行業或職業分佈存在著明顯的差異。江西省少數民族在業人口中男性要多於女性，在業人口的年齡結構較輕。

1990 年江西省少數民族在業人口行業分佈（單位：人）

行業	合計	畬族	回族	滿族	壯族	苗族	蒙古族	瑤族	土家族	侗族	其他
總計	55726	43014	4919	2191	1699	822	647	487	479	433	1035
農林牧、漁、水利業	40857	38170	357	80	711	371	65	302	173	165	463
工業	6482	1954	2301	942	408	110	218	111	125	94	219
地質普查和勘探業	278	37	40	80	54	7	11	7	14	11	17
建築業	1220	229	240	137	195	165	28	15	53	84	74
交通運輸、郵電通訊業	852	241	307	94	33	54	27	3	12	31	50
商業、公共飲食業、物資供銷和倉儲業	1945	753	564	250	103	32	113	16	35	21	58
房地產管理、公用事業居民服務和諮詢服務業	405	137	170	40	19	10	12		3	3	11
衛生、體育和社會福利事業	558	206	165	83	25	17	20	7	10	4	21
教育、文化藝術和廣播電視事業	1444	698	305	193	76	24	44	11	28	12	53
科學研究和綜合服務事業	154	27	52	31	10	8	6	3	8	1	8
金融、保險業	215	72	63	40	9	5	12	2	4	3	5
國家機關、黨政機關和社會團體	1310	490	351	221	56	19	91	10	13	4	55
其他行業	6		4						1		1

1990 年江西省少數民族在業人口職業分佈（單位：人）

行業	合計	畲族	回族	滿族	壯族	苗族	蒙古族	瑤族	土家族	侗族	其他
總計	55726	43014	4919	2191	1699	822	647	487	479	433	1035
各類專業技術人員	3526	1293	955	596	196	67	147	37	75	41	119
國家機關、黨群組織、企事業單位負責人	1145	401	334	219	48	18	64	10	19	6	26
辦事人員和有關人員	1188	327	399	227	73	20	59	6	16	10	51
商業工作人員	1422	541	443	155	75	22	72	17	23	17	57
服務性工作人員	1112	441	338	87	76	51	22	13	17	23	44
農、林、牧、漁勞動者	39391	36777	338	68	705	367	54	293	171	166	452
生產工人、運輸工人和有關人員	7878	3229	2083	838	523	272	226	111	155	170	271
其他	64	5	29	1	3	5	3		3		15

1990 年江西省少數民族在業人口年齡性別構成

行業	年齡構成（％）			性別構成（％）	
	15～34 歲	男 35～59 歲 女 35～54 歲	男 60 歲以上 女 55 歲以上	男	女
總計	65.24	30.14	4.62	52.94	47.06
農、林牧、漁、水利業	58.78	40.31	0.82	59.44	40.55

續上表

行業	年齡構成（%）			性別構成（%）	
	15～ 34 歲	男 35～59 歲 女 35～54 歲	男 60 歲以上 女 55 歲以上	男	女
工業	60.79	38.85	0.36	72.30	27.70
地質普查和勘探業	47.13	52.05	0.82	81.72	18.28
建築業	59.51	39.32	1.17	76.53	23.47
交通運輸、郵電通訊業	59.69	36.50	3.81	54.14	45.86
商業、公共飲食業、物資供銷和倉儲業	65.19	33.09	1.73	48.89	51.11
房地產管理、公用事業、居民服務和諮詢服務業	49.64	46.42	3.94	44.62	55.38
衛生、體育和社會福利事業	50.90	45.71	3.39	62.47	37.53
教育、文化藝術和廣播電視事業	42.86	56.49	0.65	55.84	44.16
科學研究和綜合服務事業	75.81	20.47	3.72	62.79	37.21
金融、保險業	50.15	45.65	4.20	77.18	22.82
國家機關、黨政機關和社會團體		33.33	66.67	16.67	83.33
其他行業	62.88	33.20	3.92	55.57	44.43

1990 年江西省少數民族職業人口年齡性別構成

行業	年齡構成（%）			性別構成（%）	
	15～34 歲	男 35～59 歲 女 35～54 歲	男 60 歲以上 女 55 歲以上	男	女
總計	62.88	33.20	3.92	55.57	44.43
各類專業技術人員	52.72	45.21	2.07	56.27	43.73
國家機關、黨群組織、企事業單位負責人	18.60	75.11	6.29	89.26	10.74
辦事人員和有關人員	53.70	44.45	1.85	69.61	30.39
商業工作人員	60.48	35.44	4.08	52.11	47.89
服務性工作人員	65.01	30.29	4.70	51.56	48.44
農、林、牧、漁勞動者	65.08	33.37	0.74	70.42	29.56
生產工人、運輸工人和有關人員	54.68	40.74	4.58	43.08	56.92
其他	95.31	4.69		85.94	14.06

1990 年江西省少數民族職業人口文化程度構成（單位：人、%）

職業	大學		高中		初中		小學		文盲半文盲	
	人數	比重	人數	比重	人數	比重	人數	比重	人數	比重
總計	898	25.47	1845	52.33	658	18.66	115	3.26	10	0.28
各類專業技術人員	305	26.64	418	36.51	324	28.30	97	8.47	1	0.09
國家機關、黨群組織、企事業單位負責人	156	13.13	536	45.12	413	34.76	78	6.57	5	0.42
辦事人員和有關人員	26	I.83	489	34.39	600	42.19	273	19.20	34	2.39

續上表

職業	大學		高中		初中		小學		文盲半文盲	
	人數	比重	人數	比重	人數	比重	人數	比重	人數	比重
商業工作人員	5	0.45	254	22.84	420	37.77	337	30.31	96	8.63
服務性工作人員	6	0.01	1556	3.95	8501	21.58	20616	52.34	8712	22.12
農林、牧、漁勞動者	83	1.05	2136	27.11	3444	43.72	1980	25.13	235	2.98
生產工人運輸工人和有關人員	3	4.69	26	40.63	33	51.56	2	3.12		
其他	1482	2.66	7260	13.03	14393	25.83	23498	42.16	9093	16.32

第五節 ▶ 宗教信仰

　　江西省的宗教種類較多，特別是佛教、道教、伊斯蘭教、天主教、基督教，全省各地都有。江西省的各類宗教活動，除了「文化大革命」期間基本停止外，活動一直正常。江西省佛教的大寺廟多在九江地區，道教宮觀多分佈在貴溪、贛州，伊斯蘭教信教人口多在南昌、九江景德鎮等城市，天主教以撫州地區為重點，基督教信教人口以上饒地區農村為重點。

江西省五大宗教基本情況

時期	項　目	佛教	道教	伊斯蘭教	天主教	基督教
解放初期	寺、觀、教堂（座）	2758	153	7	144	145
	宗教職業人員（人）	3439	746	17	551	360
	信徒（人）			1400	29960	18211
「文化大革命」以前	寺、觀、教堂（座）	755	97	6	74	62
	宗教職業人員（人）	1767	240	9	201	163
	信徒（人）			482	18290	6355

續上表

時期	項　目	佛教	道教	伊斯蘭教	天主教	基督教
20 世紀 80 年代	寺、觀、教堂（座）	304	17	5	30	1054
	宗教職業人員（人）	1597	101	7	36	46
	信徒（人）			1631	21705	107176

第五章

人口素質

人口的身體素質是指人的生物屬性，人口的文化素質是指人口的科技文化知識。

第一節 ▶ 身體素質

建國後，江西人口的身體素質不斷提高，平均預期壽命大為延長。

一、兒童和青少年的身體素質

新中國成立後，江西省份別於 1955 年、1960 年、1965 年、1980 年和 1985 年進行了五次大規模的兒童和青少年生長發育調查，這些調查記錄了全省兒童和青少年在身高、體重、胸圍三項形態指標上的不斷提高。《中國人口・江西分冊》《江西省 1965 至 1985 年學生健康、體質調查資料》中記錄了這一提高。

1965 年和 1985 年江西省 7～17 歲青少年身體三項

形態學指標變動情況

年齡（歲）	身高（釐米）				體重（公斤）				胸圍（釐米）			
	男		女		男		女		男		女	
	1965	1985	1965	1985	1965	1985	1965	1985	1965	1985	1965	1985
7	112.55	116.97	112.47	116.04	19.07	19.90	18.72	19.44	55.38	56.17	54.31	55.11
8	118.60	122.47	117.23	120.48	20.87	21.60	20.45	21.09	56.78	57.76	55.55	56.55
9	121.93	126.62	122.07	125.62	22.37	23.94	22.17	23.27	58.33	59.68	56.86	58.31
10	126.87	130.92	126.03	130.82	24.21	26.12	24.14	25.82	59.77	61.43	58.55	60.43
11	130.16	135.33	131.03	136.51	26.03	28.34	20.52	29.07	61.03	63.15	60.57	62.99
12	135.31	139.53	136.06	139.19	28.71	30.94	29.40	32.85	63.15	65.12	63.09	65.94
13	139.06	147.63	142.07	148.49	30.80	36.55	33.58	38.34	64.87	69.23	65.60	70.74
14	144.87	153.46	146.13	151.57	34.71	41.22	37.05	42.28	67.21	72.89	68.37	73.71
15	150.60	159.62	149.43	153.36	39.08	46.57	40.26	44.86	70.38	76.89	70.92	75.59
16	156.42	163.14	151.23	154.50	43.77	50.38	43.73	46.92	73.82	79.91	73.38	77.00
17	159.42	164.63	152.65	154.65	46.91	52.94	46.69	48.02	75.78	81.69	75.52	77.83

1985 年江西省 7～19 歲青少年形態

學指標的增長量（單位：公斤、公分）

	身高	體重	胸圍	坐高	肩寬	骨盆寬
城市男生	49.0	35.2	26.0	24.9	13.1	8.2
農村男生	48.8	34.8	25.7	24.4	15.1	8.5
城市女生	38.I	28.0	22.3	19.5	8.8	7.4
農村女生	39.2	29.2	23.0	19.7	9.4	7.8

二、居民營養與健康水平

新中國成立後，隨著社會和經濟的發展，人民物質生活水平的大幅度提高，居民的營養與健康水平均得到較大改善。

根據《奮進中的江西》等記載的統計資料，江西城鄉居民的食品消費結構在不斷發生著變化，特別是近年來，發生了從量到質的改變。以 1959 年和 1982 年江西省成年男子平均每日主要營養攝入量作比較，1959 年成年男子每人每日攝入蛋白質 57.72克、脂肪 26.95 克、醣 358.07 克、熱量 1987.04 卡，1982 年每人每日攝入蛋白質 59.90 克、脂肪 55.80 克、醣 437.20 克、熱量 2491.00 卡，蛋白質、脂肪等營養素的攝入量均有增長。

江西省部分年份城市家庭全年
人均購買的主要食品數量（單位：公斤）

品名	1957 年	1965 年	1980 年	1985 年	1986 年	1987 年	1988 年
糧食	128.40	144.12	149.04	130.74	137.26	135.89	135.60
蔬菜	107.16	90.48	122.28	106.25	108.13	109.02	120.16
食用植物油	3.96	3.72	3.96	5.14	5.49	5.32	6.74
豬肉	7.08		18.72	18.86	20.88	12.26	20.45
牛羊肉			1.08	0.77	0.78	0.85	1.02
家禽	1.68		1.92	2.81	2.93	2.71	3.41
鮮蛋	3.00	2.52	2.88	4.83	4.70	4.26	4.50
魚蝦	4.08	5.64	12.00	6.14	7.47	7.23	7.60

新中國成立至今，江西省人口平均預期壽命發生了巨大的變化，人口平均預期壽命從新中國成立之初的 30 到 35 歲延長至 1989 年的 67.85 歲，延長了一倍左右。但是由於各種因素的影

響，全省人口的平均預期壽命還存在著城鄉差異和地區差異。根據《跨世紀的中國人口·江西卷》記載的資料，可以通過具體數據直觀地看到這種變化和差異。

江西省人口平均預期壽命（單位：歲）

性別	1962 年	1973—1975 年	1981 年	1989 年
男	53.80	62.64	64.63	66.60
女	54.35	64.75	67.28	69.15
平均	63.69	65.97	67.85	

江西省 1981 年和 1989 年人口平均
預期壽命的城鄉比較（單位：歲）

地區	1981 年			1989 年		
	平均	男	女	平均	男	女
江西省	65.97	64.63	67.28	67.85	66.60	69.15
市	68.70	67.26	70.16	74.55	73.06	76.13
鎮	70.97	68.78	73.33	73.99	71.51	76.65
縣	65.26	63.96	66.52	66.99	65.84	68.16

江西省 1989 年各地人口平均預期壽命（單位：歲）

區劃	合計	男	女	女比男高
全省	67.85	66.60	69.15	2.55
南昌	71.33	69.51	73.21	3.70
景德鎮	66.88	65.02	69.06	4.04
萍鄉	68.57	67.00	70.40	3.40

續上表

區劃	合計	男	女	女比男高
九江	67.12	65.60	68.82	3.22
贛州	67.87	66.78	68.79	2.01
宜春	66.92	66.42	67.38	0.96
上饒	67.63	65.88	69.68	3.80
吉安	67.46	66.53	68.32	1.79
撫州	67.49	66.38	68.66	2.28
鷹潭	66.15	65.50	66.64	1.14
新余	68.96	68.59	69.12	0.53

三、殘疾人口

1987 年，江西省進行了第一次殘疾人口抽樣調查，根據調查資料，全省約有各類殘疾人口 158.6 萬人，占總人口的 4.52%。在全省的殘疾人口中，女性殘疾人口略多於男性。殘疾人口的受教育情況和在業狀況均較低。

1987 年江西省各類殘疾人口占殘疾人數的比重（單位：%）

	合計	男	女		合計	男	女	
視力殘疾	15.78	5.30	10.48	精神殘疾	2.76	1.19	1.57	
聽力殘疾	30.25	16.12	14.13	綜合殘疾	12.51	5.64	6.87	
智力殘疾	22.57	10.52	12.05	合計	100.00	42.73	52.27	
肢體殘疾	16.08	8.91	7.17					

1987年江西省6歲以上殘疾人口文化程度構成（單位：%）

	殘疾人口	總人口		殘疾人口	總人口
總計	100.00	100.00	初中	4.28	18.88
大學	0.23	0.65	小學	25.42	43.81
高中	1.80	7.67	文盲、半文盲	68.27	29.00

1987年江西省殘疾人抽樣調查部分調查

地區有勞動能力殘疾人在業狀況（單位：%）

總計	47.04	68.03	24.22	分宜縣	57.25	89.71	22.22
南昌市西湖區	45.35	50.00	39.47	吉水縣	69.47	82.69	53.49
萍鄉市蘆溪區	32.74	49.23	10.42	貴溪縣	37.74	76.00	3.57
寧岡縣	41.94	53.33	31.25	南康縣	48.65	50.00	47.50
九江縣	50.00	84.21	25.93				

第二節 ▶ 文化素質

　　新中國成立前，江西省文化、教育水平低下。新中國成立後，江西省建立了層次完善、學科齊全、佈局合理的教育體系，全省人口的文化素質有了較大幅度的提高，全省科技水平也得到了空前的發展。

一、人口文化程度

至 1990 年，江西省具有小學以上各類文化程度的人口達到 2551.6 萬人，占總人口的 67.7%。儘管新中國成立以來江西省人口的文化教育工作取得了很大的成績，但與全國的具有小學以上各類文化程度的人口占總人口的比重 79.2% 相比，還是有差距。

根據《奮進的江西》《江西省人口統計資料彙編》和第三、第四次人口普查的數據，可以列出江西省份年齡、性別、地區、城鄉人口城鄉文化程度的構成情況。

江西省各類文化程度人口數及其構成

文化程度	人口數（萬人）			占總人口的比重（％）		
	1964 年	1982 年	1990 年	1964 年	1982 年	1990 年
大學	6.6	31.8	37.4	0.3	0.96	1.0
高中	26.8	182.7	268.2	1.3	5.50	7.1
初中	85.4	439.7	711.4	4.1	13.25	18.8
小學	589.4	1281.3	1534.6	28.0	38.60	40.7
文盲半文盲	824.5	738.0	619.7	39.1	22.24	16.2

江西省 1990 年分年齡和性別
的各類文化程度人口數（單位：人）

年齡（歲）	合計	男	女	大學			高中		
				合計	男	女	合計	男	女
全省總人口	2106.8	3318.5	3771.0						
6～9	1837575	1008883	828692						
10～14	4153177	2203618	1949559				7671	4351	3320

續上表

年齡（歲）	合計	男	女	大學			高中		
				合計	男	女	合計	男	女
15～19	4253857	2287333	1966524	15073	10018	5055	463303	297764	165539
20～24	3844237	2091230	1753007	89489	66927	22562	513311	336398	176913
25～29	2883742	1613749	1269993	87994	68216	19778	627995	406384	221611
30～34	2201463	1309095	892368	37690	29945	7745	467617	313134	154483
35～39	1946065	1187571	758494	31590	24206	7384	210084	149335	60749
40～44	1426239	890100	536139	28032	23109	4941	129433	92782	36651
45～49	919570	612362	307208	27937	22650	5287	101425	74590	26835
50～54	732957	533202	199755	28957	24227	4730	69930	53205	16725
55～59	496937	396973	99964	12334	10484	1850	37167	30449	6718
60～64	358968	301110	57858	7324	6472	852	27708	23914	3794
65以上	462075	399103	62972	7302	6620	682	26604	23179	3425
合計	25516862	14834329	10682533	373722	292874	80848	2682248	1805485	876763

年齡（歲）	初中			小學		
	合計	男	女	合計	男	女
6～9				1837575	1008883	8286692
10～14	783716	477330	306386	3361790	1721937	1639853
15～19	1785863	1154608	631255	1989618	824943	1164675
20～24	1407962	898810	509152	1833475	789095	1044380
25～29	1040928	663920	377008	1126825	475229	651596
30～34	652621	453802	198819	1043535	512214	531321
35～39	533380	370299	163081	1171011	643731	527280
40～44	347743	252035	95708	921031	522174	398857
45～49	228771	166436	62335	561437	348686	212751

續上表

年齡 （歲）	初中			小學		
	合計	男	女	合計	男	女
50～54	122644	93017	29627	511426	362753	148673
55～59	87259	74355	12904	360177	281685	78492
60～64	60140	53454	6686	263796	217270	46526
65以上	63286	56727	6559	364883	312577	52306
合計	7114313	4714793	2399520	15346579	8021177	7325402

江西省 1982 年和 1990 年分年齡和性別的文盲、半文盲人口

年齡 （歲）	1982 年文盲半文盲人口（人）			1982 年文盲半文盲人口占同齡人口的比例（％）			1990 年文盲半文盲人口（人）			1990 年文盲半文盲人口占同齡人口的比例（％）		
	合計	男	女	合計	男	女	合計	男	女	合計	男	女
15～19	451832	74959	376873	11.4	3.7	19.6	250696	46168	204528	5.6	2.0	9.4
20～24	424603	65394	359209	16.9	5.1	29.2	332070	52367	279703	7.9	2.4	13.7
25～29	617448	99319	518129	22.9	7.1	39.9	334530	48121	286409	10.4	2.9	18.4
30～34	534105	103099	431006	24.7	9.1	42.1	461673	79981	381692	17.3	5.7	29.9
35～39	449130	102447	346683	29.2	12.5	48.3	532978	102315	430663	21.5	7.9	36.2
40～44	600563	177911	422652	41.8	22.8	64.3	430295	92439	337856	23.2	9.4	38.6
45～49	739886	231290	508596	53.4	31.2	78.8	455527	122456	333071	33.1	16.6	52.0
50～54	696677	231850	464827	60.6	37.6	87.1	639718	199038	440680	46.6	27.2	68.8
55～59	708770	245128	463642	66.8	44.5	91.0	666394	218394	448000	57.3	35.5	81.7
60以上	1872869	610912	1261957	77.7	55.8	96.1	-093327	675615	1417712	71.8	49.1	92.1
總計	17095883	1942309	l5153574	34.9	18.6	52.3	k5197200	1636886	rt560314	24.1	12.3	36.6

江西省第二、第三、第四人口普查各地每萬人口擁有小學以上文化程度人口數（單位：人）

區劃	大學			高中			初中			小學		
	二普	三普	四普	二普	三普	四普	二普	三普	四普	二普	三普	四普
南昌	139	177	344	279	811	7089	666	1741	2262	2914	3504	3370
景德鎮	25	71	142	113	674	825	396	1430	1911	2346	3257	3839
萍鄉	27	31	85	119	597	810	485	1842	2646	4388	4604	4348
九江	21	41	93	112	580	760	373	1338	1906	2584	3877	3893
贛州	24	32	59	124	537	653	465	1323	1845	2966	3689	4236
宜春	24	30	66	114	581	698	386	1427	2096	2915	4099	4306
上饒	15	25	50	96	434	547	310	1075	1560	2466	3663	4089
吉安	16	32	63	110	454	605	332	1092	1631	2787	4118	4297
撫州	21	38	78	99	471	614	310	1170	1721	2416	4152	4169
鷹潭	16	32	86	98	528	755	354	1282	1801	2369	3804	3984
新余	17	36	122	100	557	976	338	1467	2267	2389	3804	3984

江西省各地文盲、半文盲人口

區劃	文盲半文盲人口（人）			文盲率（％）		
	1964 年	1982 年	1990 年	1982 年	1990 年	其中：女性
南昌	674144	636652	560035	27.3	20.8	31.3
景德鎮	293445	294988	235583	36.8	25.3	36.8
萍鄉	190173	124691	97885	14.5	10.3	14.9
九江	953590	801860	701213	32.3	25.5	39.3
贛州	1531461	1461709	1158259	34.0	23.9	39.1

續上表

區劃	文盲半文盲人口（人）			文盲率（％）		
	1964 年	1982 年	1990 年	1982 年	1990 年	其中：女性
宜春	1073510	841885	618496	28.9	19.2	27.5
上饒	1361672	1393060	1161916	39.5	29.9	44.7
吉安	999394	835716	766762	31.7	26.4	41.0
撫州	675206	630119	573474	32.0	25.9	37.5
鷹潭	207527	197844	169030	34.6	26.0	37.9
新余	206724	161465	154555	27.6	22.2	31.2

江西省城鄉 1964 年、1982 年和 1990 年

每萬人擁有各類文化程度人口數（單位：人／萬人）

文化程度	1964 年		1982 年		1900 年	
	城	鄉	城	鄉	城	鄉
大學	212	8	203	10	410	19
高中	554	73	1267	378	1802	433
初中	1238	300	2227	1107	2860	1638
小學	3692	2685	3595	3925	2924	4326
文盲、半文盲	1185	4381	1217	2440	414	2490

二、在校學生

新中國成立後，江西省各級各類學校成倍增加，在校學生總數也隨之成倍增加。江西省在校學生從 1949 年的每萬人口 376.9 人增加到 1993 年的 1599.9 人。全省在校學生構成以小學在校生為主，高等學校在校生數量最少。在校學生中女生的比重也在不

斷增加，特別是改革開放以後，從 1978 年的 38.2%上升到 1993 年的 43.4%。江西省學齡兒童入學率一直高於全國平均水平，但各級學校的升學率一直低於全國平均水平。

改革開放後，江西省的成人教育發展迅猛，各級各類成人教育在校學生從 1981 年的 73.15 萬人迅速增加到 1993 年的 165.05 萬人。

根據歷年的《江西統計年鑑》《江西省國民經濟統計提要》和《江西省社會統計資料》，列出全省在校學生的基本情況。

江西省 1949 年至 1993 年平均每萬人口
在校學生數（單位：人／萬人）

年	總計	高等學校	中等學校					小學
			小計	中等專業學校	普通中學	職業中學	技工學校	
1949	376.9	1.9	30.0	6.0	24.0			345
1950	507.5	1.5	28.0	4.5	23.5			478
1951	674.6	1.6	30.0	6.2	23.8			643
1952	893.6	1.9	46.9	9.3	37.6			844.8
1953	839.2	1.5	52.8	8.8	44.0			784.9
1954	828.2	I.2	56.5	8.5	48.0			770.5
1955	897.0	1.1	59.2	7.8	51.4			836.7
1956	1101.8	2.1	78.5	10.1	68.4			1021.2
1957	1056.1	2.3	83.8	11.1	72.7			970.2
1958	1345.0	5.4	105.8	11.4	94.4			1233.8
1959	1398.8	8.2	113.8	13.5	100.3			1276.8
1960	1554.0	10.5	163.0	31.9	131.1			1380.5
1961	1401.5	10.7	144.1	18.2	125.9			1246.7

續上表

| 年 | 總計 | 高等學校 | 中等學校 | | | | | 小學 |
			小計	中等專業學校	普通中學	職業中學	技工學校	
1962	1232.5	8.4	109.5	5.3	104.2			114.6
1963	1125.7	6.9	99.4	4.0	95.4			1019.4
1964	1545.7	6.6	111.3	4.5	106.8			1427.8
1965	1673.6	6.3	118.9	6.3	112.6			1548.4
1966	1548.2	5.7	141.7	7.5	134.2			1400.8
1967	1379.8	5.5	148.7	6.1	142.6			1225.6
1968	1375.5	5.4	153.7	1.5	152.2			1216.4
1969	1362.2		191.4	0.2	191.2			1170.8
1970	1531.9	0.5	266.6	0.8	265.8			1264.8
1971	1669.1	0.7	311.1	I.2	309.9			1357.3
1972	1852.6	1.3	346.8	2.4	344.4			1504.5
1973	1881.7	1.4	298.3	5.8	293.5			1582.0
1974	1994.3	2.6	301.3	4.8	296.5			1690.4
1975	2120.7	3.2	373.4	6.5	366.9			1744.1
1976	2254.4	3.9	486.5	7.0	378.5			1763.6
1977	2272.3	4.2	555.7	7.0	548.7			1713.4
1978	2184.3	6.9	546.3	9.2	537.1			1631.I
1979	2106.2	9.l	499.0	12.7	486.3			1598.l
1980	2129.3	10.9	489.2	12.5	476.7			1629.2
1981	2084.7	12.1	455.4	11.3	444.1			1617.2
1982	2074.3	10.7	443.8	11.5	432.3			1619.8
1983	2057.9	10.8	435.7	11.6	424.1			1611.4
1984	2124.2	11.4	446.1	12.9	433.2			1666.7
1985	2144.7	13.0	466.5	14.4	452.1			1665.2
1986	2157.4	14.2	501.1	15.8	485.3			1642.1

續上表

年	總計	高等學校	中等學校					小學
			小計	中等專業學校	普通中學	職業中學	技工學校	
1987	2124.7	14.7	557.7	16.3	504.7	30.7	6.0	1552.3
1988	1973.8	14.5	546.1	16.3	493.9	29.0	6.9	1413.2
1989	1790.2	14.3	516.9	15.9	464.9	28.2	7.9	1259.0
1990	1746.0	15.1	546.4	16.4	490.0	31.0	9.0	1194.5
1991	1683.4	14.8	556.7	16.0	495.4	33.2	12.1	1121.9
1992	1639.5	15.4	545.9	16.9	478.8	32.9	17.3	1078.2
1993	1599.9	18.0	530.1	19.9	463.7	30.0	16.5	1051.8

江西省 1978 年到 1993 年各級
各類學校在校學生女生比重（單位：%）

年	總計	高等學校	中等學校				小學
			小計	中等專業學校	普通中學	農業職業中學	
1978	38.2	17.9	34.6	27.3	34.7		39.5
1980	39.3	15.6	32.7	24.4	32.9	46.6	41.5
1981	38.9	19.5	33.2	33.3	33.3	30.9	40.7
1982	39.5	20.2	32.8	30.5	32.9	27.6	41.5
1983	40.7	21.0	33.8	32.7	33.8	38.6	42.7
1984	40.7	21.5	34.1	34.0	34.3	28.3	42.7
1985	41.6	21.7	33.5	40.0	33.5	30.0	44.2
1986	41.8	22.3	35.1	38.1	34.1	49.0	44.2
1987	41.2	22.8	34.4	36.3	34.5	32.3	44.1
1989	41.9	21.6	35.3	37.4	35.2	35.2	44.8

續上表

年	總計	高等學校	中等學校					小學
			小計	中等專業學校	普通中學	農業職業中學		
1990	41.8	24.3	35.3	37.2	35.3	33.6		44.9
1991	42.7	25.0	36.6	39.0	36.7	33.8		45.9
1992	42.7	26.2	36.7	39.9	36.8	33.5		45.8
1993	43.4	25.5	37.5	40.9	37.5	34.0		46.5

江西省 1978 年至 1993 年學齡人口
入學率、升學率（單位：%）

年	學齡兒童入學率		小學畢業生升學率		初中畢業生	高中畢業生
	合計	農村	合計	農村	升學率	升學率
1978	94.3	93.5	78.2	73.9	42.6	15.3
1979	93.0		74.I		41.7	
1980	93.7	93.0	67.7	61.0	58.3	16.8
1981	93.4	92.4	63.4	56.8	40.0	18.8
1982	93.4	92.7	59.3	51.9	37.9	22.4
1983	94.7	94.0	58.9	51.0	38.0	21.6
1984	96.2	95.8	62.7	55.6	44.6	28.6
1985	96.9	96.5	63.4	55.9	44.0	37.9
1986	97.0	96.7	65.6	57.9	43.8	35.1
1987	97.3	97.0	62.8	54.9	40.6	22.5
1988	97.2	96.9	60.8	53.4	38.3	
1989	97.8	97.5	61.9	54.7	36.1	

續上表

年	學齡兒童入學率		小學畢業生升學率		初中畢業生	高中畢業生
	合計	農村	合計	農村	升學率	升學率
1990	98.2	98.0	65.9	58.7	38.5	30.3
1991	98.3	98.1	67.5	60.5	37.7	30.4
1992	98.7	98.6	72.0	64.6	37.3	36.0
1993	98.8	98.6	80.9	74.6	38.6	41.5

江西省 1981 年至 1993 年成人教育在校學生數（單位：萬人）

年	總計	高等學校	中等學校		初等學校
			合計	技術學校	
1981	73.15	I.64	11.77		59.74
1982	71.93	1.72	16.05		54.16
1983	65.57	2.12	11.9		51.55
1984	69.61	2.69	7.98		58.94
1985	46.77	3.5	5.89		37.38
1986	30.8	3.9	4.74		22.16
1987	29.9	3.81	4.01		22.08
1988	20.53	3.54	4.15		12.84
1989	39.55	4.53	15.40	9.55	19.62
1990	49.82	4.81	17.23	10.79	27.78
1991	94.31	4.21	61.88	56.52	28.22
1992	165.57	4.66	129.92	123.69	30.99
1993	165.05	4.36	128.16	122.69	32.50

三、專業技術人員

　　江西省的專業技術人員從新中國成立前的不到 100 人發展到 1993 年的 730908 人，1993 年全省每萬人口擁有科技人員 184 人。1993 年江西省的科技人員中，社會科技人員平均每萬人口擁有 106 人，自然科技人員每萬人口擁有 78 人，社會科技人員占全體科技人員的比重為 58%。在江西省國民經濟的 13 大行業中，教育、文化藝術和廣播電視事業擁有的科技人員最多。在江西省科技人員總量中，贛州擁有的最多，從每萬人口擁有科技人員人數來比較，南昌最多。江西省科技人員性別構成中，女性總體要少於男性，但在部分類別中，女性要多於男性。江西省各類別科技人員中，以科學研究人員的學歷層次最高，最低的為宗教職業者。

　　根據《江西社會統計資料》《江西統計年鑑》和第三、第四次人口普查資料，列出全省科技人員的基本情況。

江西省部分年份科學技術人員總量（單位：人）

項目		1980 年	1982 年	1984 年	1986 年	1988 年	1989 年	1990 年	1992 年	1993 年
總計		200061	230451	349417	394713	491133	610381	642326	694824	730908
自然科技人員	合計	139886	165424	207658	219217	253713	264893	277192	296660	308825
	工程技術人員	50404	60378	75771	83322	98937	104354	111923	119771	125419
	農業技術人員	8085	8465	11524	12597	13166	13766	14091	14318	16553
	科學研究人員	3905	4416	4447	3802	2672	2617	2659	3827	3913
	衛生技術人員	43209	51225	65807	68916	77367	79920	83741	86303	88126
	教學人員	34283	40940	50109	50580	61571	64236	64778	72441	74814

續上表

項目		1980 年	1982 年	1984 年	1986 年	1988 年	1989 年	1990 年	1992 年	1993 年
社會科技人員	422083	合計	60175	65027	141759	175496	237420	345488	365134	398164
	科學研究人員	36	87	183	362	648	1162	941	651	1079
	教學人員	28384	34848	104566	133419	145849	177963	186098	202611	208680
	會計人員	23442	19368	22857	26347	31869	49644	52764	52903	57042
	統計人員	3237	4098	6395	7058	7387	10453	10684	11115	11630
	經濟人員			712	1009	39043	85918	91562	96275	103636
	文藝人員	4406	55545	4206	3736	3358	3194	3197	3246	3100
	其他人員	670	1081	2840	3565	9266	17154	19888	31363	36916
每萬人口科技人員		61	68	103	112	135.3	165	169	178	184
	合計	43	49	61	62	70	72	73	76	78
	工程技術人員	15	18	22	24	27	28	29	31	32
	農業技術人員	3	3	4	4	4	4	4	4	4
	科學研究人員	1	1	1	1	1	1	1	1	1
	衛生技術人員	13	15	19	19	21	22	22	22	22
	教學人員	11	12	15	14	17	17	17	19	19
每萬人口社會科技人員	合計	18	19	42	50	65.3	93	96	102	106
	科學研究人員	0.01	0.03	0.05	0.1	0.2	0.4			
	教學人員	9	10	31	38	40	48	49	52	53
	會計人員	7	6	7	8	9	13	14	14	14
	統計人員	1	1	2	2	2	3	3	3	3
	經濟人員			0.2	0.3	11	23	24	25	26
	文藝人員	I	2	1	I	0.9	I	I	I	I
	其他人員	0.2	0.3	1	1	2.2	4.6	5	8	9

江西省部分年份科技人員行業分佈（單位：人）

行業	1989 年	1990 年	1991 年	1992 年
農、林、牧、漁、水利業	26534	30268	32536	33830
工業	109841	121717	129261	140050
地質普查和勘探業	8678	5960	6519	7642
建築業	11730	11189	12052	13065
交通運輸、郵電通訊業	14027	18165	17934	22862
商業、公共飲食業、物資供銷和倉儲業	31828	34029	38160	39408
房地產管理、公用事業、居民服務和諮詢服務業	4017	4681	4800	5354
衛生、體育和社會福利業	67469	70891	70136	70163
教育、文化藝術和廣播電視事業	245362	252341	260450	269192
科學研究和綜合技術服務業	12606	12480	11976	14382
金融、保險業	35314	37254	33667	41278
國家機關、政黨機關和社會團體	41313	40216	32870	31442
其他	1662	3135	5183	6156

江西省部分年份科技人員地區分佈（單位：人）

區劃	科技人員數				每萬人口科技人員數			
	1989 年	1990 年	1991 年	1993 年	1989 年	1990 年	1991 年	1993 年
南昌	49857	57465	64976	67660	137	152	168	170
景德鎮	17070	17632	20019	21360	132	131	145	151
萍鄉	15400	15940	17667	22820	112	115	124	135
九江	45581	46873	47224	53089	114	115	113	124
贛州	64732	65634	70181	68987	92	93	97	93
宜春	46066	47866	47980	51882	101	103	101	106

續上表

區劃	科技人員數				每萬人口科技人員數			
	1989 年	1990 年	1991 年	1993 年	1989 年	1990 年	1991 年	1993 年
上饒	48232	49294	49658	48916	84	85	83	80
吉安	50160	51769	53255	53184	116	118	119	122
撫州	34610	36460	39699	42007	108	110	117	120
鷹潭	9736	9894	10018	10409	103	105	104	105
新余	11273	12067	12416	13573	118	124	125	134

江西省第三、第四次人口普查分性別
的各類專業技術人員情況（單位：人、%）

類別	1982 年				1990 年			
	合計	男	女	女性比重	合計	男	女	女性比重
科學研究人員	1675	1300	375	22.4	3097	2318	779	25.2
工程技術售貨員和農村技術人員	72273	62880	9393	13.0	108584	92813	15771	14.5
科學技術管理人員和輔助人員	5665	1643	4022	71.0	1337	819	518	38.7
飛機和船舶技術人員	669	644	25	3.7	2062	2035	27	1.3
醫療衛生技術人員	139369	77160	62209	44.6	143116	70810	72306	50.5
經濟業務人員	214073	137482	76591	35.8	323130	166465	156665	48.5
法律工作者	5321	4914	407	7.6	11061	9510	1551	14.0
教學人員	305159	197924	107235	35.1	374373	234794	139579	37.3
文藝、體育工作者	14644	10230	4414	30.1	12106	8335	3771	31.1
文化工作者	11848	4523	7325	61.8	19588	7643	11945	61.0
宗教職業者	387	197	190	49.1	2092	1007	1085	51.8
合計	771083	498897	272186	35.3	1000546	596549	403997	40.4

江西省專業技術人員文化構成（單位：％）

區劃	1982 年					1990 年				
	大學	高中	初中	小學	文盲	大學	高中	初中	小學	文盲
科學研究人員	58.0	22.6	7.3	7.8	4.3	75.8	21.2	2.2	0.7	0.1
工程技術售貨員和農村技術人員	45.0	38.0	11.1	5.6	0.3	40.4	40.3	14.0	5.2	0.1
科學技術管理人員和輔助人員	7.5	49.4	35.5	6.4	1.2	49.7	35.8	11.6	2.5	0.4
飛機和船舶技術人員	5.8	26.9	22.7	40.1	4.5	8.8	18.2	35.9	32.2	4.8
醫療衛生技術人員	10.5	44.0	30.3	13.9	I.3	16.3	52.8	23.8	6.6	0.5
經濟業務人員	1.7	37.9	43.6	16.6	0.2	7.6	51.6	34.2	6.5	0.1
法律工作者	10.8	35.9	41.3	11.8	0.2	28.3	51.6	17.2	2.9	
教學人員	11.3	58.5	27.6	2.5	0.1	22.5	56.5	19.6	1.4	
文藝、體育工作者	5.0	34.9	40.9	17.9	1.3	9.9	40.7	37.8	10.8	0.8
文化工作者	11.0	47.3	33.6	7.9	0.2	25.0	47.3	24.0	3.6	0.1
宗教職業者	I.3	3.9	9.3	40.0	45.5	I.2	3.7	12.0	36.0	47.0
合計	11.6	47.2	31.4	9.3	0.5	18.8	51.9	24.5	4.5	0.3

江西文庫 A0701B21

贛文化通典（地理及行政區劃沿革卷） 第二冊

主　　編	鄭克強
版權策畫	李　鋒
責任編輯	林以邠
發 行 人	陳滿銘
總 經 理	梁錦興
總 編 輯	陳滿銘
副總編輯	張晏瑞
編 輯 所	萬卷樓圖書股份有限公司
排　　版	菩薩蠻數位文化有限公司
印　　刷	維中科技有限公司
封面設計	菩薩蠻數位文化有限公司

出　　版　昌明文化有限公司

桃園市龜山區中原街 32 號

電話　(02)23216565

發　　行　萬卷樓圖書股份有限公司

臺北市羅斯福路二段 41 號 6 樓之 3

電話　(02)23216565

傳真　(02)23218698

電郵　SERVICE@WANJUAN.COM.TW

大陸經銷　廈門外圖臺灣書店有限公司

　　電郵　JKB188@188.COM

ISBN 978-986-496-230-3

2018 年 1 月初版

定價：新臺幣 340 元

如何購買本書：

1. 轉帳購書，請透過以下帳戶

　合作金庫銀行 古亭分行

　戶名：萬卷樓圖書股份有限公司

　帳號：0877717092596

2. 網路購書，請透過萬卷樓網站

　網址 WWW.WANJUAN.COM.TW

大量購書，請直接聯繫我們，將有專人為您

服務。客服：(02)23216565 分機 610

如有缺頁、破損或裝訂錯誤，請寄回更換

國家圖書館出版品預行編目資料

贛文化通典. 地理及行政區劃沿革卷 / 鄭克
強主編. -- 初版. -- 桃園市：昌明文化出版；
臺北市：萬卷樓發行, 2018.01
　冊；　公分
ISBN 978-986-496-230-3 (第二冊：平裝). --
1.地方政治 2.江西省
672.408　　　　　　　　　　　107002011

本著作物經廈門墨客知識產權代理有限公司代理，由江西人民出版社授權萬卷樓圖書
股份有限公司出版、發行中文繁體字版版權。

本書為金門大學華語文學系產學合作成果。　　　校對：劉懿心